펫 아로마테라피

펫 아로마테라피

지은이 유온유
펴낸이 정규도
펴낸곳 (주)다락원

초판 1쇄 인쇄 2024년 3월 05일
초판 1쇄 발행 2024년 3월 20일

기획 권혁주, 김태광
총괄편집 이후춘
책임편집 김효은

표지 디자인 하태호
내지 디자인 윤미정
마케팅 백수하

다락원 경기도 파주시 문발로 211
내용문의: (02)736-2031 내선 291~296
구입문의: (02)736-2031 내선 250~252
Fax: (02)732-2037
출판등록 1977년 9월 16일 제406-2008-000007호

Copyright©2024, 유온유

저자 및 출판사의 허락 없이 이 책의 일부 또는 전부를 무단 복제·전재·발췌할 수 없습니다. 구입 후 철회는 회사 내규에 부합하는 경우에 가능하므로 구입문의처에 문의하시기 바랍니다. 분실·파손 등에 따른 소비자 피해에 대해서는 공정거래위원회에서 고시한 소비자 분쟁 해결 기준에 따라 보상 가능합니다. 잘못된 책은 바꿔 드립니다.

ISBN: 978-89-277-7383-2 13490

http://www.darakwon.co.kr

다락원 홈페이지를 방문하시면 상세한 출판 정보와 함께 다양한 정보를 얻으실 수 있습니다.

펫 아로마테라피

유온유 저

다락원

머리말

이 책은 반려견 아로마테라피에 관심을 가지고 반려동물과 함께 몸과 마음의 건강을 회복하고자 하는 누구나 참고할 수 있는 안내서입니다.

아로마테라피는 즉각적인 효과를 비롯해 예방적이며 통합적인 관리에 도움이 되어 개가 표현하는 신체적·심리적인 증상들을 종합적으로 파악하고 고려하는 홀리스틱 케어에 매우 유용합니다.

지난 이십여 년간 프로핸들러인 남편과 함께 국내외 도그쇼 활동을 하는 동안 아로마테라피는 상당히 많은 부분을 차지해 왔습니다. 세계 대회의 출진을 위해 열 시간이 넘는 비행을 앞둔 쇼독의 케이지 방석 밑, 코트체인지(털갈이) 주기의 컨트롤을 위한 입욕제, 스트레스로 다리털을 물어뜯는 아이의 심리 안정, 훈련을 위한 집중력 향상, 밥을 잘 안 먹는 아이의 식욕 증진, 운동 후의 스트레칭과 근육 이완, 갑자기 생긴 핫스팟의 관리 등 수없이 많은 케이스에 에센셜 오일은 다양하게 적용이 가능했고 많은 도움이 되었습니다.

반려견을 위한 아로마테라피에 있어서 무엇보다 중요한 것은 반려견의 행동을 이해하는 것입니다. 애견전문가라고 해서 에센셜 오일에 대한 지식 없이 아로마테라피를 적용할 수 있는 것은 아니며, 아로마테라피와 에센셜 오일에 대한 견고한 기초 지식이 있다 하더라도 반려견을 위해 에센셜 오일을 사용할 때에는 특별한 주의와 전문적인 이해를 고려해야 합니다. 반드시 당부드리고 싶은 것은 반려견이 아플 때에는 함부로 판단하여 아로마테라피를 행하기보다는 수의사의 진료를 받고 정확한 처방을 받는 것입니다.

한 방울의 농축된 에센셜 오일이 주는 치유 효과는 바꾸어 말하면 그만큼 큰 자극이 될 수 있기에 반려견과 함께 에센셜 오일을 사용할 때에는 더욱 신중히 안전사항을 고려해 주시길 바라며, 아로마테라피를 너무 쉽게 또는 너무 어렵게 대하지 않으셨으면 하는 마음으로 반려견 아로마테라피에 대한 내용을 정리하였습니다. 이 책에서는 선행 연구 및 저술들을 참고하여 정리한 아로마테라피에 대한 기초 지식부터 시작하여, 반려견에 아로마테라피를 적용하기 위한 가이드라인을 제공합니다. 또한 2020년에 출판한 〈반려견 아로마테라피〉를 보완하여, 아로마테라피를 처음 접하는 분들도 어렵지 않게 도전해 볼 수 있도록 기본적인 펫 아로마 제품을 만드는 과정 사진과 설명을 담은 레시피를 포함하였습니다. 아로마테라피가 보다 많은 반려견과 보호자에 안전하고 친숙한 건강관리 방법이 되기를 진심으로 바라며, 그 시작에 조금이나마 도움이 될 수 있는 책이기를 감히 기대합니다.

  이 책이 출간될 수 있도록 도와 주신 다락원출판사와, 격려해 주시고 추천사를 써 주신 한진수 교수님께 무한한 감사를 드립니다. 그리고 항상 믿고 응원해주는 저의 멘토 정재명 대표님께 진심으로 고맙다는 말을 전합니다.

2024년 2월
유온유

추천사

　인간과 동물의 관계는 그 역사를 같이하고 있습니다. 그중 반려견과의 관계는 가장 오래된 것으로 보이며, 현대에 와서는 그 중요성이 더욱 커지고 있습니다. 국내에서는 급격한 경제성장과 도시화로 인하여 반려동물산업이 어느 분야보다 초고속으로 발전하는 분야이고, 그만큼 우리가 발전시키고 연구해 나가야 할 미지의 분야이기도 합니다. 본인은 국내 최초로 설립된 건국대학교 일반대학원 바이오힐링융합학과의 주임교수를 2019년 초창기부터 맡아서 식물매개치료전공과 동물매개치료전공 대학원생들의 학사와 연구를 지도하면서 융합연구의 중요성과 어려움을 동시에 절감하고 있습니다. 그 와중에 유온유 원장이 석사과정에서는 식물매개치료전공을 심도 있게 공부하고서, 박사과정은 동물매개치료전공을 택하여 그야말로 융합연구의 선봉에 나서고 있습니다.

　대체의학의 일환으로서 아로마테라피는 이미 고대부터 인류의 건강과 안정을 위하여 다각도로 응용되어 왔습니다. 현대적인 아로마테라피는 반려동물에게도 적용이 되어 많은 효과를 보이고 있습니다. 사람과 동물의 몸은 기본적으로는 동일한 생리현상을 유지하면서도 종별로는 많은 차이도 있어서 현대의 아로마테라피는 그 활용성의 증가만큼 연구도 많이 필요한 분야입니다. 왜냐하면 의학의 발전만큼 인류가 해결하지 못하는 질병과 질환도 많아져서 보완의학(Complementary Medicine) 내지는 통합건강의학(Integrated Health and Medicine)이 더 필요한 시대가 되고 있기 때문입니다. 이에 유온유 원장이 오랜 실전 경험과 대학원에서의 전공을 잘 활용하여 반려견을 위한 아로마테라피 안내서를 발간하게 된 것을 매우 기쁘게 생각합니다. 그야말로 바이오힐링융합 학문을 개척해 나가니 기쁜 마음으로 추천을 하고자 합니다.

본서는 반려동물에서의 아로마테라피 개론과 함께 기본적인 반려견의 특성을 이해할 수 있도록 반려동물학적 기초를 제공하고, 에센셜 오일(精油)의 약리학적 및 향장학적 각종 특성과 요주의 사항도 종류별로 알려줍니다. 마지막으로 실제 사용 시 참고만 해도 바로 응용할 수 있는 실기를 친절하게 사진으로 안내하고 있습니다. 이런 개척자적인 책을 바탕으로 더 많은 실전응용과 연구를 통하여 보다 실용적인 개정판이 조만간에 출간될 것을 기대합니다.

2024년 2월

한진수 DVM, Ph.D, DKCLAM
건국대학교 수의과대학 교수
3R동물복지연구소장
대학원 바이오힐링융합학과 주임교수
한국인간동물상호작용연구회(KHAI) 회장

차례

PART I 아로마테라피 — 11

1. 반려동물을 위한 아로마테라피 — 12
2. 아로마테라피 역사 — 18
3. 에센셜 오일의 생성과 특징 — 23
4. 에센셜 오일 추출법 — 29
5. 에센셜 오일의 기초 화학 — 36
6. 식물성 오일 — 47
7. 하이드로렛 — 52
8. 아로마테라피 적용 방법 — 54
9. 에센셜 오일의 안전한 사용 — 59
10. 에센셜 오일 블렌딩 — 64

PART II 반려견 이해 — 71

1. 후각 — 72
2. 피부 — 77
3. 개의 신체구조 — 81
4. 다양한 견종과 그룹별 특징 — 86
5. 개의 스트레스 행동 — 89
6. 반려견을 위한 힐링 마사지 — 92

PART III 에센셜 오일 — 97

1. 라벤더 — 98
2. 티트리 — 100
3. 오렌지 스위트 — 102
4. 패츌리 — 104
5. 레몬 — 106

6. 유칼립투스 — 108
7. 팔마로사 — 110
8. 레몬그래스 — 112
9. 페퍼민트 — 114
10. 로즈마리 — 116
11. 일랑일랑 — 119
12. 클라리세이지 — 122
13. 마조람 스위트 — 124
14. 시더우드 아틀라스 — 126
15. 프랑킨센스 — 128
16. 저먼 캐모마일 — 130
17. 로만 캐모마일 — 132
18. 사이프러스 — 134
19. 주니퍼베리 — 136
20. 제라늄 — 138
21. 그레이프프룻 — 140
22. 버가못 — 142
23. 에버라스팅 — 144
24. 페티그레인 — 146
25. 네롤리 — 148
26. 베티버 — 150
27. 미르 — 152
28. 진저 — 154
29. 샌달우드 — 156
30. 로즈 — 158

PART IV 펫 아로마테라피 응용실기 163

1. 제형과 응용제품 재료 — 164
2. 소이 캔들 — 168
3. 산책용 스프레이 — 170
4. 풋밤 — 172
5. 알로에젤 — 174
6. 샴푸 — 176
7. 바스 파우더 — 178
8. 천연 비누 — 180

부록 연습문제 185

PART I

아로마테라피

01 반려동물을 위한 아로마테라피

아로마테라피(aromatherapy)는 향을 가진 약용식물(herb)에서 추출한 에센셜 오일을 이용해서 몸과 마음의 균형 회복을 목표로 하는 자연요법을 말한다. 아로마테라피는 대체의학(alternative medicine) 또는 보완대체의학(complementary and alternative medicine)의 한 분야로 분류된다. 각종 식물의 꽃, 줄기, 잎, 뿌리, 열매 등에서 추출해 낸 에센셜 오일의 좋은 향에서 오는 탁월한 심리적 효과는 아로마테라피 치료의 주요한 장점이며, 향기 뿐만이 아니라 체내 흡수된 화학성분들의 독특한 조합으로 이루어진 오일 분자는 신체와 상호작용을 하여 직간접적으로 신체에 영향을 준다.

허브의 사전적 의미를 찾아보면 '잎이나 줄기가 식용과 약용으로 쓰이거나 향과 향미로 이용되는 식물'로 정의된다. 일반적 의미에서의 허브는 식물의 녹색 잎들 또는 꽃이 만발한 부분을 말하며, 씨앗이나 나무껍질, 뿌리 및 과일을 포함하여 식물의 다른 부분에서 건조되고 생산되는 기타 식용물질인 스파이스(spice)와 구분된다. 하지만 치료의 목적으로 사용하는 경우 허브는 훨씬 더 넓은 범위의 식물을 의미하여 잎, 뿌리, 꽃, 씨앗, 뿌리껍질, 내피, 수지, 과피를 포함한 식물의 모든 부분이 허브로 간주된다. 지구상에 분포하고 있는 식물의 종류는 30만 종 이상으로 추정되며, 허브로 쓰이는 식물은 약 2,500여 종이다.

에센셜 오일이 다양한 허브에서 추출되고 그 치유적 효능을 적용하는 관점에서 보면 아로마테라피와 약초학(herbalism)은 매우 유사하다고 느껴진다. 아로마테라피와 약초학은 어떻게 다를까? 약초학은 식물을 의료적 목적으로 사용하고, 그것을 위해서 연구하는 학문이라고 정의할 수 있다. 아로마테라피와 약초학의 가장 큰 차이점은 같은 식물이라 하더라도 우리 몸에 적용하는 방법과 성분의 차이에 따른 효능이라고 볼 수 있다.

저먼 캐모마일(German Chamomile)을 예로 들면, 국화과에 속하는 캐모마일 꽃은 옛날부터 다양한 전통의학과 자연요법에 사용되어 왔다. 특히 저먼 캐모마일과 로만 캐모마일의 말린꽃은 주로 차(tea)로, 에센셜 오일은 제약과 화장품에 쓰인다. 저먼 캐모마일을 따뜻한 물에 우려서 차로 마시면 불면증이나 신경성으로 인한 소화장애에 도움이 된다. 반면, 에센셜 오일로 적용할 때에는 소화불량이나 신경 진정에도 도움이 되지만, 특히 강력한 항염효과를 기대할 수 있다. 저먼 캐모마일의 항염 특성은 대부분 카마줄렌(chamazulene) 성분으로 인해 나타나는데, 이는 캐모마일 꽃에서 발견되는 마트리카린(matricarin) 화합물이 증기 증류법으로 추출되는 과정에서 증기의 작용으로 변환된 것이다. 약초학과 아로마테라피는 식물 치료적 특성의 많은 부분을 공유하며, 분명히 비슷한 면이 있지만 아로마테라피는 에센셜 오일을 사용하고 향을 통한 심리적인 치유가 동반된다는 점에서 약초학과 다르다.

슈나우벨트(Kurt Schnaubelt) 박사는 '아로마테라피를 받아들이는 우리의 태도는 자연에 다시 연결되려는 인류의 깊은 소망과 이어질 수도 있다'라고 말한다. 인공 합성 향보다 식물에서 추출한 에센셜 오일의 순수한 향에 매혹되고 끌리는 것은 자연과 생명에 가까워지고 싶어 하는 인간의 본능을 의미하는 바이오필리아(biophilia)와도 관련이 있다고 생각된다. 아로마테라피는 과학적 증명과 의학적 임상으로 모두 설명될 수 없다. 영혼과 감정의 치유를 포함하며, 예방적이고 통합적인 건강관리와 행복에 초점을 맞추는 '홀리스틱 케어(holistic care)'는 아로마테라피의 가치이자 목표이다. 홀리스틱 케어는 개개인에 미치는 사회적, 환경적, 감정적, 심리적, 육체적인 영향 전체에 관심을 가지며, 인정하고 존중함으로써 치유를 돕는다. 예를 들어, 신체에 어떠한 증상이 나타났을 때 단순히 드러난 신체 증상에만 집중하는 것이 아니라 그와 연관된 다양하고 복잡한 상황이나 내면적인 요소들을 종합적으로 파악하고 고려한다는 뜻이다. 아로마테라피는 신체 상태에 도움이 되는 효과뿐만 아니라 스트레스와 긴장을 풀어 주어 마음과 몸과 영혼을 치유하는 것을 포함한다.

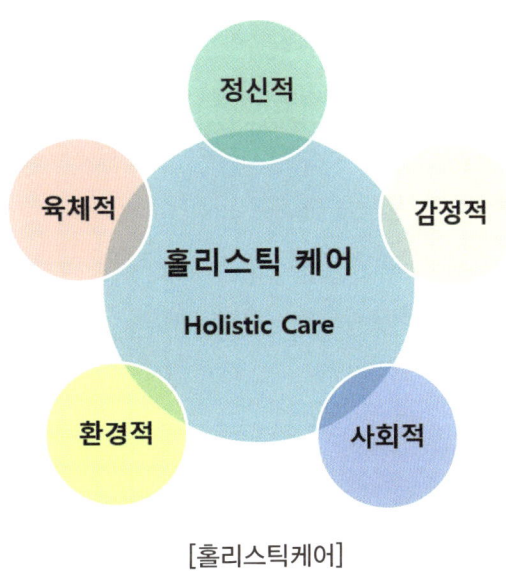

[홀리스틱케어]

반려동물을 위한 아로마테라피는 인간과 마찬가지로 스트레스에 노출되어 있는 현대의 반려동물들에게 아로마테라피를 통해 몸과 마음의 균형을 회복시켜 자연치유력을 높일 수 있도록 하는 데 그 목적이 있다. 반려동물과 같이 사는 사람에 있어서의 아로마테라피 적용이란 함께 생활하는 반려동물에도 그 영향이 미치게 된다. 반대로 말하면, 반려동물을 위한 아로마테라피라고 해도 역시 적용하는 사람에 그 영향이 미치게 된다. 아로마테라피를 적용하는 데 있어서 노출되는 대상은 함께 생활하는 인간과 동물이 모두 해당된다. 반려동물을 위한 아로마테라피는 그 적용 방법에 정해진 규칙이 있는 것은 아니다. 나와 반려동물을 위한 가장 편하고 받아들이기 편한 형태를 삶 속에서 적용함으로써 웰빙(well-being)을 추구해 나가는 것이다.

인간과 동물은 자연을 이용하며, 자연 속에서 살아 왔고 자연의 일부이다. 인간은 자연적인 습득 내지는 시행착오적인 경험을 통해 어떤 식물이 유용하거나 위험한지 분별하는 능력을 가지게 되었으며, 식물을 안전하게 섭취하거나 이용하게 되었다. 식물은 인간의 역사 많은 부분을 통해 의학치료의 기초가 되어 왔으며, 그러한 전통의학은 오늘날에도 여전히 광범위하게 시행되고 있다. 현대의학은 증거 기반 의약품의 기초로 많은 식물 유래 화합물을 사용한다.

동물들은 자연 속에서 자연스럽게 필요한 식물을 섭취한다. 동물을 위한 에센셜 오일의 사용은 동물이 그들의 건강유지를 위해 필요한 것을 본능적으로 알고 있다는 것에 기초한다. 동물은 본능적으로 자신의 건강을 유지하는 데 필요한 식물을 골라내고 자신이 필요로 하는 영양소를 위해 식이균형을 맞춘다. 동물이 일반적으로 자신의 식단에 포함되지 않는 식물을 먹을 때 이를 약용으로 간주한다. 종종 독성물질로 간주되는 식물이더라도 독소를 포함한 많은 물질은 항균, 항바이러스, 항염증 등의 치유력이 있는 식물이기도 하다. 동물은 물론 인간도, 본능적으로 우리 몸에 좋은 것을 알고 있다. 이는 우리가 동물을 위한 에센셜 오일을 고를 때에도 적용되며, 존중되어야 한다.

가장 많이 듣는 질문은 "반려동물에게 에센셜 오일을 사용해도 안전한가요?" 또는 "개(또는 고양이)에게 위험한 에센셜 오일은 무엇인가요?"이다. 아로마테라피에서 일반적으로 사용되지 않는 위험한 오일을 구분하고, 사용에 각별한 주의를 기울여야 하는 몇몇 에센셜 오일을 숙지하는 것은 중요하다. 하지만 일반적으로 어떤 동물에게 안전하거나, 독성이 있다고 알려진 특정 오일의 목록을 길게 작성하는 것은 별로 의미가 없다. 그보다 중요한 것은 에센셜 오일의 전반적인 노출에 관한 것이다. 에센셜 오일은 식물에서 추출한 자연 물질로 다루어야 한다. 오일이 함유하고 있는 개별 성분에 대한 지나친 조심성 때문에 오류를 범하는 것과, 에센셜 오일을 치유 목적으로 사용하는 것이 매우 위험한 일이라는 그릇된 인식은 경계할 필요가 있다. 적절하게 선택된 에센셜 오일의 적절한 사용은 안전하다.

이 책의 내용은 '반려견'을 위한 아로마테라피로 구성되어 있다. 고양이는 물론 새나 토끼, 햄스터 등의 작은 동물이나 말 등 아로마테라피는 대부분의 동물에 적용이 가능하다. 하지만 동물에 아로마테라피를 적용하기 앞서 에센셜 오일의 구성 성분이나 동물의 특성을 이해하는 것은 매우 중요하다. 다른 동물들을 위한 아로마테라피는 어떠한지 간단히 참고한다.

동물의 크기는 대사율과 상응하기 때문에 작은 동물에는 적은 양의 사용이 필요하다. 예를 들어, 과민행동을 보이는 햄스터에게는 우드볼에 한 방울의 라벤더를 떨어뜨려 케이지 안에 가볍게 휘둘러 공기를 전환시켜 주는 정도의 양으로 충분할 것이다.

새들은 에센셜 오일의 향에 굉장히 민감하게 반응한다. 집에서 키우는 새들의 경우 방향초나 공기정화 스프레이, 담배, 요리냄새 등에 노출되어 갑자기 죽게 되는 경우가 많다. 새들은 페놀(phenol)이나 크레오솔(creosol)에도 독성을 가진다고 보고되어 있다. 물을 좋아하는 새들에게는 약간의 하이드로렛(hydrolats) 사용을 고려할 수 있다. 하이드로렛은 에센셜 오일을 증류 추출하는 과정에서 함께 생산되는 산출물로, 에센셜 오일만큼 강하지는 않지만 유사한 향과 효능을 가진다.

물고기에는 아로마테라피를 적용하지 않는다. 에센셜 오일은 물론 하이드로렛도 사용하지 않는다. 물고기가 있는 어항의 물은 특수한 pH로 정확하게 관리되어야 한다. 적은 양의 하이드로렛이라 하더라도 어항의 pH 밸런스를 무너뜨릴 수 있기 때문에 사용하지 않는다.

말을 위한 아로마테라피는 다른 동물에 비해 좀 더 일반적으로 적용되고 있다. 특히 영국에는 자격을 갖춘 말을 위한 아로마테라피스트가 전문적으로 활약하고 있을 정도로 널리 받아들여지고 있다. 말의 알레르기, 피부 문제, 호흡기 문제, 근육 또는 관절통, 발굽의 위생과 같은 일반적인 질환에 적용하며, 특히 말의 스트레스 케어에 적극적으로 사용된다.

고양이를 위한 아로마테라피는 매우 조심스러우며 많은 논란이 있다. 개와 고양이는 인간에게 가장 친숙한 반려동물이기에 같은 맥락에서 대하려고 하는 경향이 있지만, 매우 다른 동물이다. 아로마테라피를 적용함에 있어서도 개와 고양이는 별도로 고려되어야 함을 알아야 한다. 고양이에게는 많은 에센셜 오일이 금기되어 있으며 다양한 의견이 분분하지만, 고양이도 에센셜 오일을 대사할 수 있다. 대상의 신진대사 속도는 에센셜 오일의 약리학적 작용의 지속 시간과 강도를 결정하기에 아로마테라피에서 중요한 고려사항이다.

고양이는 일반적으로 다른 종에 비해 글루쿠론산전이효소(UDP-glucuronosyltransferase, UGT)라는 간 효소의 활성이 매우 낮은 것으로 알려진다. 또한 고양이는 간 대사 경로의 시토크롬

P450(Cytochrome P450)이 부족한 것으로 보고된다. 글루쿠론산전이효소는 체내 약물 대사 및 해독에 관여하는 주요 효소이며, 시토크롬 P450 시스템은 전통적인 약물을 포함하여 신체 내 다양한 화학물질을 대사하는 주요 경로이다. 약물 대사(drug metabolism)는 일반적으로 특별한 효소 시스템을 통해, 체내에서 약물을 대사 분해하는 과정으로, 종종 친유성 화합물을 더 쉽게 배설되는 친수성 물질로 전환시킨다. 신체의 모든 조직은 약물을 대사하는 능력이 있지만, 간 대사가 중요한 이유는 약물이 위장관으로 흡수된 후 간문맥을 통해 최초로 관류되며, 다른 기관에 비해 대부분의 약물 대사 효소 시스템이 매우 높은 농도로 존재하기 때문이다. 간은 영양소의 대사 작용과 저장, 담즙 생산 등의 주요 역할 외에도 혈액의 해독을 담당한다. 고양이의 간이 개나 인간과 같은 방식과 효율로 물질을 대사하지 않는다는 사실은 동물병원에서 고양이를 위한 약을 처방할 때에도 고려되는 점이다. 하지만 아로마테라피에서는 에센셜 오일을 복용하지 않으며, 적절하게 희석하여 피부에 적용하는 어떤 에센셜 오일도 간독성을 일으키지는 않는다. 고양이에게 에센셜 오일 사용 시 간독성의 위험을 우려하기보다는 피부 자극과 신경 독성을 주의하고, 무엇보다 대상이 되는 고양이의 전반적인 건강 상태에 집중하는 것을 권한다.

　신경 독성을 일으킬 수 있는 성분을 포함하는 에센셜 오일은 사용하지 않으며, 피부 자극이나 민감성으로 여겨지는 에센셜 오일은 사용에 특히 주의한다. 에센셜 오일을 과도하게 확산시키면 사람도 두통이나 피로와 같은 신경학적 증상을 유발할 수 있다. 환기가 잘 되고 제한된 시간 동안만 소량만 사용 시 고양이 주위에도 에센셜 오일을 안전하게 분산시킬 수 있으며, 고양이가 자유롭게 공간을 벗어날 수 있도록 한다. 공기 중 몇 백만분의 1의 방향족 증기는 해로울

가능성이 없지만 오랜 시간 동안 축적되지 않도록 주의한다. 고양이를 반려동물로 함께 생활하는 집이라면 방향제품의 사용에 신중해야 한다. 무심코 공기정화를 위해 뿌린 스프레이나 디퓨저, 향초가 고양이에게는 괴로운 상태를 유발할 수도 있기 때문이다. 사실 대부분의 경우 테라피 용의 순수 에센셜 오일이 아닌, 시중에서 쉽게 구할 수 있는 저급 에센셜 오일이나 프래그런스 오일 또는 인공 합성 방향제가 문제가 되는 경우가 많다. 그러나 좋은 품질의 에센셜 오일을 사용한 일상의 아로마테라피 발향이나, 반려동물 제품에 희석되는 소량의 에센셜 오일은 고양이에게도 안전하게 사용될 수 있다. 고양이도 충분히 아로마테라피를 적용하고 즐길 수 있으며 훌륭한 홀리스틱 케어가 될 수 있다. 다만, 중요한 것은 적절하게 선택된 에센셜 오일, 사용 양과 주기, 그리고 고양이의 신체 특성에 대한 이해일 것이다.

반려동물 아로마테라피에서는 한 마리, 한 마리 동물의 증상의 원인에 대한 이해가 필요하며, 객관적인 관점으로 증상을 관리하는 방법을 아는 것이 중요하다. 아로마테라피의 치유적 효능에 심취하여 반려동물의 증상을 멋대로 진단하고 적용하지 않도록 주의한다. 증상이 있을 때에는 수의사의 진단을 받는 것이 우선이다. 아로마테라피에 사용되는 에센셜 오일은 아주 다양한 방법으로 적용하여 신체의 질병관리, 면역력의 강화는 물론 심리적으로도 큰 도움을 줄 수 있다. 하지만 어디까지나 아로마테라피의 목적은 치료가 아닌 몸과 마음의 건강을 스스로 회복할 수 있도록 돕는 것에 있음을 기억해야 한다.

동물을 위한 아로마테라피는 자체 분야이므로, 인간을 위한 아로마테라피와 에센셜 오일에 대한 견고한 기초 지식이 있다 하더라도 반려동물을 위해 에센셜 오일을 사용할 때에는 특별한 주의와 지식을 고려해야 한다. 동물은 인간과 다르다는 것을 인식하는 것이 중요하다. 의사가 수의사로 또는 수의사가 의사로 활동하지 않는 것과 같은 맥락이다.

02 아로마테라피 역사

아로마테라피가 인간에게 정서적, 육체적인 혜택을 줄 수 있는 것처럼 반려동물에게도 도움이 될 수 있다. 반려동물을 위한 아로마테라피는 그 역사가 길지는 않지만, 치유와 예방을 통해 반려동물과 함께 더욱 건강한 삶을 보내고자 하는 마음으로 세계적으로 각광받고 있다.

아로마테라피라는 용어는 1937년에 프랑스 화학자인 가트포세(René-Maurice Gattefossé)가 'Aromatherapie'라는 책을 출간하면서 처음으로 사용했다. 그러나 아로마테라피라는 용어가 정립되기 오래 전부터도 식물에서 방향성 오일을 추출하여 사용하는 형태는 존재해 왔다. 아로마테라피는 새로운 시대의 현상이 아니다. 인간과 동물의 삶에 있어서 식물은 항상 중요한 역할을 해 왔으며, 역사를 통해 인간은 먹기에 유익한 식물과 치유에 도움이 되는 식물을 발견해 왔다. 에센셜 오일은 이미 2000년 이상 전부터 고대 이집트, 인도, 페르시아, 메소포타미아, 중국에서 질병의 예방과 치료 및 종교 의식에서 사용되었다. 아로마테라피가 인간의 역사 속에서 어떠한 역할을 해 왔는지 주요 인물들과 함께 간략하게 살펴본다.

1 초기 역사

식물에서 물질을 추출하게 된 것은 6000~9000년 전의 신석기시대로 추정되며, 이때는 올리브나 캐스터 등의 오일을 추출했다. 식물추출물은 고대부터 전 세계의 다양한 전통 치유 시스템에 사용되었다.

인도에서는 식물과 식물추출물이 적어도 5000년 동안 아유베다(Ayurveda)라는 형태로 약으로 사용되어 왔다. 아유베다는 인도의학의 가장 오래된 형태이고 고대 힌두교도의 의학 및 장수비결이며, 마사지를 기본으로 한다. 아유베다 마사지에는 에센셜 오일을 사용하는데, 특히 샌달우드, 로즈, 자스민 등이 널리 이용되었다. B.C 2000년경부터 기록된 인도 바라문교 사상의 근본 성전이며, 가장 오래된 경전인 '베다경(Vedas)'에는 100여 개의 아로마 물질 목록이 포함되어 있다.

중국에서는 B.C 2500년경에 '황제내경(黃帝內經, Yellow Emperor's Inner Canon)'이라는 본초학

이 저술되었으며, 여기에는 다양한 에센셜 오일의 속성에 대한 초창기 기록을 제공한다. 황제내경은 중국 전통의학서로 가장 오래되고 중요한 서적이며, 중국 전통의학의 연구·개발·응용에 지대한 영향을 미쳤다.

B.C 1000년경으로부터 A.D 200년대까지 이르는 동안에 기록된 기독교의 경전인 성경에서도 아로마테라피의 기록을 수십 차례 찾아볼 수 있다. 신약의 예수 그리스도 탄생 이야기에서는 동방의 세 박사가 예수 탄생을 축하하며 마구간에서 황금, 유향, 몰약을 드렸다는 구절이 있다. 황금은 현세의 왕을 상징하며, 유향과 몰약은 "하나님의 약"을 의미하여 세상에 오신 구세주께 드리는 선물로 어울리는 것이었다고 한다. 유향(frankincense)과 몰약(myrrh)은 오늘날도 아로마테라피에서 널리 이용되고 있다.

고대 이집트인들은 수지(resin)와 가루(powder) 등을 종교적 행사에 다양한 방식으로 사용했으며, 시체를 방부 처리하거나 의료용 약을 조제하는 데에도 사용했다. 이집트인들은 몸에 향이 첨가된 오일을 발랐는데 프랑킨센스, 미르, 파인, 시더우드, 민트 등과 여러 허브들이 사용되었다. 이집트의 왕 '투탕카멘'의 무덤이 처음 발견되었을 때는 인류 최초의 향수로 알려지는 키피(kyphi)가 함께 발견되었다고 한다.

그리스의 의학자이며, 현대의학의 아버지라 불리는 히포크라테스(Hippocrates, B.C 460~370)의 치료 접근법은 자연의 치유력에 기초하고 있으며, 휴식(rest)과 고정화(immobilization)가 가장 중요하다고 믿었다. 히포크라테스는 '건강에 이르는 기본 원칙은 아로마틱 물질로 목욕하고 마사지하는 것이다'라고 하였고, 그의 치료에는 적절한 휴식과 그에 따른 회복력이 포함되었다. 또한 히포크라테스는 마사지의 장점을 강조하며 치료에 적극 활용하였는데, 신체를 마사지해 주면 아주 헐거워진 부분은 꼭 이어 주고, 너무 경직된 부분은 느슨하게 만들어 준다고 언급했다. 히포크라테스는 치료를 위해 광범위한 약용식물을 사용했는데, 그의 생애 동안 수백 가지 허브의 의학적 영향을 연구하고 분류하였다.

그리스의 철학자이자 과학자인 테오프라스토스(Theophrastus, B.C 371~287)는 향기에 관한 역사상 최초의 논문인 '향기에 관하여(*Concerning Odours*)'를 썼다. 이 논문에서 그는 그리스에 있는 향의 목록, 수입향료, 이용할 수 있는 방법에 대해 상세하게 논했고, 향수의 치유적인 효능과 에센셜 오일을 신체 외부에 적용했을 때에 내부 장기와 조직에 영향을 미친다는 점에 주목하였다. 테오프라스토스는 B.C 300년경에 '식물에 대한 탐구(*Enquiry into Plants*)'를 썼고 후에 식물의 아버지라 불리게 된다. 그는 자스민 향이 밤에 더 강하다는 것을 발견했으며, 이는 지금도 자스민의 수확시간에 영향을 끼친다.

약리학의 아버지로 여겨지는 로마의 그리스계 의사, 약학자이자 식물학자인 디오스코리데스(Dioscorides)는 A.D 50~70년경 식물학 및 약물에 관한 중요한 논문 '약물지(De materia medica)'를 출간했다. 그의 저서에는 약 600종의 식물과 그로부터 얻어지는 약 1,000종에 달하는 의약품에 대해 기재되어 있다. 이 논문은 근대까지 약초학의 경전으로 인정받으며, 현대의 약초에 관한 지식에도 크게 영향을 미쳤다. 그는 이 논문에서 한 단원을 할애하여 방향물질에 대해 다루었는데, 그가 언급했던 치료법의 상당수는 오늘날에도 여전히 아로마테라피에 이용되고 있다.

로마는 치료와 향락에 아로마 오일을 사용했고 향에 대한 강한 욕구가 있었다. 로마인들 역시 방향성 식물을 축제나 의식 때 사용했으며, 특히 모든 향료 중 장미를 가장 좋아했다. 로마인들은 허브 목욕을 즐겼고, 향유를 몸에 즐겨 발랐다. 로마제국시대의 그리스 출신 의학자이자 철학자인 갈레노스(Claudios Galenos, A.D 129~216)는 냄새를 인지하는 것이 코가 아니라 뇌라고 생각했고, 뇌에 직접 영향을 준다고 설명했다. 갈레노스는 해부학과 생리학, 진단법, 치료법에 이르기까지 의학의 과학적 기초를 닦고 고대 서양의 의학을 체계화한 인물로 중세 의학에 큰 영향을 끼쳤다. 갈레노스의 치료법 중 상당 부분이 허브 치료를 기반으로 했으며, 허브를 의학적으로 사용하기 위한 광범위한 틀을 구축했다.

중동에서도 아로마 물질의 사용이 활발했다. 아랍에 있는 모든 아로마 가운데 가장 가치 있게 여겨졌던 것은 로즈 오일이다. 페르시아 인들은 증류 기술을 완성한 것으로 알려지며, 페르시아의 철학자이자 의사인 아비세나(Avicenna, A.D 980~1037)는 매우 단순한 증류기계를 긴 쿨링 파이프에 연결하여 스팀이 효과적이고 빠르게 빠져나갈 수 있도록 코일을 감는 형식인 냉각장치를 발명함으로써 최초로 순수한 로즈 에센셜 오일을 증류하는 데 성공한다. 중세시대 가장 중요한 의학자 중 한 명으로 꼽히는 아비세나의 저서 '의학의 규범(The Canon of Medicine)'에는 그리스, 로마, 아랍 선조들의 의학지식이 실려 있으며, 약리학 단원에는 760가지의 약재 목록이 기록되었다.

14세기 전 유럽에 대 유행한 흑사병은 쥐벼룩에 의해 옮겨지는 페스트균이 원인으로, 당시 유럽 인구의 절반이 줄고 백년전쟁이 중단되었다. 사람들은 악취를 가리기 위해 강한 향의 허브와 오일을 사용했고, 전염병에 대한 조치로 공기를 정화하기 위해 아로마 나무를 태웠다. 의사들은 허브와 향료로 채워진 부리 모양의 마스크를 착용했다. 사람들은 감염을 예방하고 악취를 없애기 위해 포맨더(pomander)라는 향료가 가득 담긴 오렌지 모양의 기구를 휴대용으로 지니고 다녔다.

2 근대사

18세기와 19세기의 과학혁명과 산업혁명 시대에는 에센셜 오일들이 과학적인 방법으로 분석되기 시작하였다. 반면 대부분의 의료 전문가들은 화학적인 합성제조 약품에 집중하게 되었고, 의학연구는 수많은 분야로 세분화되며 에센셜 오일에 대한 대중성과 관심은 침체되었다. 일부 학자들은 여전히 에센셜 오일의 항균효과에 대해 실험을 진행하였다. 당시 꽃으로 단장된 프랑스 남부 지역에서는 결핵 발병률이 매우 낮았는데, 이에 학자들은 꽃과 허브를 가까이하는 사람들의 호흡기가 건강한 이유는 식물에 포함된 에센셜 오일 덕분이라는 가설을 세웠으며, 이런 이유로 1887년에는 에센셜 오일의 항박테리아 특성에 대한 실험이 최초로 기록되기도 하였다. 1904년 초 호주의 의사 커스버트 홀(Cuthbert Hall)은 자연 형태로의 유칼립투스 오일이 주성분인 '시네올(cineole)' 단일 성분보다 살균력이 뛰어나다는 것을 증명했다.

프랑스 화학자이자 조향사인 르네 모리스 가트포세(René-Maurice Gattefossé)는 1937년 '*Aromatherapie*'라는 책을 출간함으로써 '아로마테라피'라는 용어를 최초로 정의하였다. 가트포세는 향료실험을 하던 중 폭발사고로 손에 심한 화상을 입게 되는데, 상처에 라벤더 에센셜 오일을 바르게 되고, 통증을 줄이면서 화상 상처가 빠르게 치료되는 것을 경험하게 된다. 이 경험을 바탕으로 그는 라벤더를 비롯하여 다양한 에센셜 오일의 유익한 화학적 특성에 대한 과학적 연구에 집중하게 되고, 에센셜 오일의 치료적 특성을 바탕으로 한 임상 연구를 이어 나갔다. 그는 화학자였기 때문에 에센셜 오일의 화학적 이해의 중요성을 알고 있었고, 향수 제조자로서 에센셜 오일의 향기가 가진 정신 치료의 이점을 인식하고 있었다. 가트포세가 에센셜 오일의 치료적 효능에 대해 연구하고 저술한 최초의 인물은 아니지만, 그의 연구 결과를 요약한 '*Aromatherapie*' 책의 출판으로 '아로마테라피'라는 용어의 사용과 함께 현대적 아로마테라피가 정립되기 시작했다.

프랑스 외과의사 장발레(Jean Valnet) 박사는 에센셜 오일을 의학적 용도로 재개하고 체계화하였다. 장발레는 육군 군의관으로서 인도차이나 전쟁에 참전하여 부상병을 치료할 때 감염을 방지하기 위해 에센셜 오일을 사용했으며, 그 결과는 매우 성공적이었다. 화학적 방부제의 주요한 결점 가운데 하나는 질병의 원인처럼 조직세포에 해롭기 쉽다는 것인데, 장발레는 에센셜 오일의 방부성에 대해 높이 평가하였다. 전쟁이 끝난 후에도 그는 의사로서 에센셜 오일을 사용했고, 1964년에는 영어로도 번역된 '*Aromatherapie*'라는 문헌을 출판하여 국제적으로 인정받았다. 그는 에센셜 오일의 의학적 사용을 위해 헌신하며 현대 아로마테라피 발전에 공헌하였다고 평가된다.

프랑스의 생화학자 마가릿 뮈리(Marguerite Maury) 여사는 에센셜 오일을 적용한 스킨케어와 마사지, 그리고 식물성 오일과의 블렌딩에 대해 아주 중요하게 생각했으며, 피부미용과 치료에 에센셜 오일을 사용하고 발전시킨 사람이다. 마가릿 뮈리는 1961년 출판한 '*The Secret of life and youth*'이라는 저서를 통해 홀리스틱 아로마테라피에 관한 근본 원칙을 다듬어 놓았다.

로버트 티저랜드(Robert Tisserand)는 1985년 영국에서 세계 최초로 설립된 아로마테라피 협회인 'IFA(International Federation of Aromatherapists)'의 창립 멤버이다. 그의 대표적 저서로 1977년 출판된 '*The art of Aromatherapy*'는 아로마테라피에 대한 큰 관심을 불러일으켰다. 1995년에 Dr. Rodney Young과 함께 공동 집필한 '*Essential Oil Safety*'는 2013년에 그 내용이 크게 확장된 개정판이 출판되면서 에센셜 오일의 안전한 사용에 대한 업계의 표준을 설정하였다. 티저랜드는 홀리스틱 아로마테라피를 더욱 개발하여 의학과 가깝게 만든 인물로 평가되며, 아로마테라피의 세계적인 보급에 기여했다고 할 수 있다.

03 에센셜 오일의 생성과 특징

1 에센셜 오일의 생성

에센셜 오일은 다양한 방향성 식물 재료로부터 증류 또는 압축 등의 물리적 과정을 통해 추출된다. 식물 생리학의 기본 원리를 알면 에센셜 오일의 생합성과 생물학적 기능을 이해하는 데 도움이 된다.

식물의 광합성은 잎에서 흡수한 이산화탄소와 뿌리에서 흡수한 물을 빛에너지를 이용하여 탄수화물을 합성하고 산소를 방출하는 물질대사이다. 빛에너지를 식물이 사용할 수 있는 화학에너지로 전환시키는 과정으로도 설명되며, 이 화학에너지는 물과 이산화탄소를 원료로 만들어진 당 및 다른 유기분자들과의 결합과정을 통해 저장된다. 식물이 광합성을 통해 얻은 포도당은 호흡 작용을 통해 산소와 결합하여 물과 이산화탄소를 만들고 에너지를 생성한다. 광합성이나 호흡 같이 식물의 생명 유지에 반드시 필요한 대사를 '1차대사'라 한다. 식물의 정상적인 성장, 발달, 생식 등에 직접적으로 영향을 미치며 생명 유지를 위한 에너지를 획득하는 기본적인 대사 과정으로 이에 관여하는 탄수화물, 아미노산, 단백질, 지방산, 핵산과 같은 물질을 '1차대사산물(primary metabolite)'이라고 한다.

식물은 생명 유지에 직접적인 역할을 하지 않지만 생존에 관여하는 특정 기능이 있는 물질을 생성하는데, 이를 식물의 '2차대사산물(secondary metabolite)'이라고 한다. 이 물질들은 주로 미생물, 곤충, 동물의 공격에 대한 방어, 수분을 위한 매개자 유인, 다른 식물과의 경쟁과 같은 중요한 생물학적 임무를 담당한다. 성분에 따라 특정 식물에서만 합성되는 경우도 많으며 생성되는 양은 상대적으로 적다. 식물의 2차대사산물은 상당한 경제적·의학적 가치를 지니며, 인류 생활에 필수적인 기호품, 식품, 화장품, 의약품 등을 만드는데 사용되는 중요 물질이다.

에센셜 오일은 식물의 2차대사산물로서 휘발성 성분의 혼합물이다. 식물에서 중추적인 생태학적 역할을 하는 방향성 물질은 특화된 분비 조직에서 생성 및 분비되며 주로 식물 기관의 표면으로 확산된다. 에센셜 오일은 주로 테르페노이드와 페닐프로파노이드 화합물을 포함하는 탄화수소와 산소화 유도체의 복잡한 혼합물로서, 에센셜 오일을 구성하는 다양한 화합물의 조합은 다양한 신경 전달 경로와 상호 작용하여 심리적 효과와 측정 가능한 생리적 변화를 일으키는 광범위한 치료 효과를 가져올 수 있다. 에센셜 오일의 생물학적 효과는 세포막을 쉽게 통과하고 다양한 분자 표적에 영향을 미칠 수 있기 때문에 광범위하게 연구되었으며, 항산화, 항균, 항진균, 항염, 항통증 등의 효과가 확인되었다. 다만, 식물이 만들어 내는 모든 에센셜 오일이 상업적으로 가치가 있지는 않으며, 모든 식물이 에센셜 오일을 함유하는 것도 아니다.

2 에센셜 오일의 생리학적 활동

에센셜 오일은 식물이 외부 환경으로부터 자신을 방어하고, 번식과 생존을 위해 스스로 만들어내는 생화학적 성분의 방향성 물질 에센스이다. 식물 스스로 또는 주위 환경과의 상호작용에 중요한 역할을 하며 식물마다 각각 다른 특성을 지니고 있다. 에센셜 오일의 다양한 생리학적 역할은 다음과 같다.

① 해충이나 동물에 대해 방어하는 역할
② 수분을 목적으로 곤충 등을 유인하는 역할
③ 씨앗 분산을 위한 초식동물 유인
④ 곰팡이 감염과 다른 미생물로부터 식물을 보호하는 항균작용
⑤ 근처 경쟁식물의 발아, 성장, 생존에 영향을 주는 타감작용(allelopathy)
⑥ 가뭄에 대한 내성 개선

3 에센셜 오일의 품질에 영향을 주는 요소

에센셜 오일의 추출에 사용된 식물의 종류와 상태는 품질에 영향을 끼치며, 그 치유적 효능에도 차이가 난다. 전문 아로마테라피스트들은 이러한 요인들의 본질을 정확히 파악하고 적용할 필요가 있다. 에센셜 오일의 품질에 영향을 줄 수 있는 요소로는 다음과 같은 것들이 있다.

① **생태학적 변수** : 고도, 토양의 조건, 기후, 강수량, 일조량 등이 영향을 끼친다.
② **재배 방법 및 화학물질의 사용 여부** : 비료, 제초제, 성장촉진제, 농약 등의 사용을 말한다.
③ **수확 시기** : 수확 시기에 따라 에센셜 오일의 양과 구성 성분의 함유량에 차이가 있기에 식물의 성장 시기 중 어느 시기에 수확할지 아는 것이 중요하다.

④ **식물명** : 식물의 유전적 특징은 학명으로 세분화된다.
⑤ **식물의 종류(재배종 또는 야생종)와 사용 부위** : 척박한 환경에서 자라난 야생종일수록 에센셜 오일의 품질 및 그 효능이 더 좋지만, 극히 소량이 획득된다. 식물의 추출 부위에 따라서도 구성 성분의 비율이 달라진다.
⑥ **케모타입(chemotype)** : 에센셜 오일의 화학유형을 구분하는 말이다. 형태학적으로 동일한 식물종이 에센셜 오일의 화학적 조성에서 뚜렷이 차이를 나타내는 것을 말한다. 오일의 구성 성분 차이는 오일의 치료적 특성에 영향을 미치기 때문에 케모타입을 이해하는 것은 중요하다. 케모타입이 있는 에센셜 오일의 경우 식물의 학명 다음으로 주도적인 화학적 구성 성분을 표기하는 것이 표준 방식이다. 3가지의 주요한 케모타입을 갖는 로즈마리 에센셜 오일을 예로 들면 다음과 같다.
ⓐ *Rosmarinus officinalis* c.t. camphor
ⓑ *Rosmarinus officinalis* c.t. 1,8-cineole
ⓒ *Rosmarinus officinalis* c.t. verbenone

4 에센셜 오일의 품질

안전한 아로마테라피를 위해서는 에센셜 오일의 품질이 가장 중요하다. 전문가는 물론 개인적으로 아로마테라피를 사용하는 경우에도 아로마테라피 업계의 기준에 부합하는 에센셜 오일을 선택하는 것이 무엇보다 중요하며 가장 우선시되어야 하는 사항이다. 아로마테라피에서는 최상품질의 100% 순수 에센셜 오일만을 사용하며, 프래그런스 오일(fragrance oil) 또는 섞음질한 오일(adulterated oil)은 사용하지 않는다.

1. 프래그런스 오일 : 식물 추출의 천연오일이 아닌, 석유 등에서 추출한 성분을 화학적으로 합성하여 만든 인공향 오일
2. 섞음질한 오일 : 에센셜 오일에 다른 성분을 첨가하거나 저급의 에센셜 오일, 캐리어 오일, 에탄올 등을 섞어 양을 늘린 오일

전 세계적으로 식물에서 추출되는 향기물질의 대부분은 식품향료, 향수와 제약 산업 등에서 사용되며, 아로마테라피에 사용되기 위해 생산되는 에센셜 오일은 약 5% 정도이다. 제약 또는

향료 산업에서 쓰이는 에센셜 오일은 정류(rectification)와 같은 과정에 의해 정제된다. 아로마테라피에서는 식물이 주는 그대로의 모든 화학적 성분들의 시너지 효과를 추구하여 정류 또는 재증류하지 않은 그대로의 에센셜 오일을 사용한다. 에센셜 오일의 품질을 규정하기 위해 확인해야 하는 정보로는 다음과 같은 것들이 있다.

① 식물의 학명
② 추출에 사용된 식물의 부위
③ 화학적 구성 성분 비율과 종류
④ 원산지
⑤ 추출 방법
⑥ 순도
⑦ 제조일자 또는 유통기한

[라벨 읽는 법]

기본적인 확인 방법으로는 라벨에 기재된 내용을 참고하며, 홈페이지의 상품 정보를 확인하거나 판매상에 직접 문의하는 방법이 있다. 경우에 따라 MSDS(Material Safety Data Sheet)를 요청할 수 있다. MSDS란 물질안전보건자료를 말하는 것으로, 화학물질을 안전하게 사용하고 관리하기 위하여 필요한 정보를 기재한 서류이다.

화학적 구성을 확인하기 위한 방법으로는 GC-MS(Gas Chromatography Mass Spectrometry)를 참고할 수 있다. 식물들은 각각 다른 특성의 에센셜 오일을 함유하고 있으며, 화학성분들이 균형을 이루면서도 복잡하게 이루어져 있다. 한 가지 에센셜 오일 안에 많게는 수백 가지의 화학 성분이 들어 있기도 하다. 에센셜 오일의 화학성분들을 주요 그룹으로 나누면 탄화수소를 기본 골격으로 하여 테르펜, 알코올, 알데하이드, 에스테르, 에테르, 케톤, 페놀, 옥사이드 등이 있다. 휘발성 유기 화합물로서 에센셜 오일의 이러한 화학적 구성은 각 치유적 효능과 향의 특성을 결정한다. GC-MS는 기체크로마토그래프와 질량분석법을 조합한 분석기법으로, 뛰어난 분리성과 정량분석을 활용하여 화합물의 구조에 관한 정보를 얻을 수 있다. 기체크로마토그래피로 성분 시료를 각 성분별로 분리하고 난 후 분리된 성분의 질량 스펙트럼으로 각 성분을 정성분석하거나 정량분석한다. 물질의 극소량까지도 분석 및 검출이 가능한 가장 완전한 분석기술로, 에센셜 오일의 화학적 구성성분의 분리·측정·확인이 가능하다.

5 에센셜 오일의 일반적 특징

① 각각의 에센셜 오일은 개별적인 치료적 가치를 가지고 있다.
② 에센셜 오일의 강한 향은 후각 신경에 자극을 주어 감정, 기억과 마음상태에 영향을 준다.
③ 에센셜 오일은 고도로 농축되어 있어 피부에 원액을 도포하면 자극이 매우 강하므로 반드시 희석하여 사용한다. 다만, 특정 오일(라벤더, 티트리 등)을 특정 목적에 따라 국소 도포하는 경우가 있다.
④ 에센셜 오일은 지방에 용해된다. 신체는 많은 지질(지방)로 이뤄져 있고, 친유성 특성이 있어 피부를 통해 에센셜 오일이 신체에 침투하기 쉽다.
⑤ 에센셜 오일은 알코올에 용해된다. 이 특성은 용매 추출과정에서 사용된다.
⑥ 에센셜 오일 분자는 공기보다 가볍고 공기 중에서 빨리 증발된다. 오일의 점성도는 증발 속도에 달려 있다. 빛, 공기, 온도에 민감하게 반응한다.
⑦ 에센셜 오일은 순수한 천연 식물성 오일로 지용성 액체이지만, 끈적임이 없고 가볍다.
⑧ 대부분 무색이거나 엷은 노란색이다.

6 에센셜 오일의 표기

에센셜 오일이 치료 목적으로 사용된다면 적절한 품질의 에센셜 오일을 사용하는 것은 매우 중요하며, 이를 위해 아로마테라피에 사용될 수 있도록 생산된 에센셜 오일을 구별할 수 있어야 한다. 에센셜 오일은 반드시 식물 기원에 의해 지정된 식물 이름으로만 유통되어야 하며, 일반명(common name)만을 표기하는 것은 많은 혼동을 준다. 아로마테라피스트라면 식물학과 식물의 명명법에 대한 기본 지식을 갖추는 것이 도움이 된다.

식물의 명명은 식물의 구조, 발달, 기능, 진화의 역사와 같은 자연적 유사성 카테고리로 배열하는 식물분류학(plant taxonomy)을 기반으로 하며, 식물계의 주요 분류에 따른 그룹은 다음과 같다. 라벤더를 예로 든다.

Kingdom(계, 系)	Plantae(식물계)
Division(문, 門)	Magnoliophyta(속씨식물문)
Class(강, 綱)	Magnoliopsida(쌍떡잎식물강)
Order(목, 目)	Lamiales(꿀풀목)
Family(과, 科)	Lamiaceae(꿀풀과)
Genus(속, 屬)	Lavandula
Species(종, 種)	*Lavandula angustifolia*

모든 식물 종의 식물 명명은 국제식물명명규약을 따라 학명(scientific name)으로 표기한다. 학명은 생물의 각급 분류군에 붙여진 세계 공통적인 명칭이다. 다음을 참고한다.

① 학명은 속명(generic name)과 종소명(specific name)이 조합된 이명법에 의해 표기한다.
② 학명은 라틴어 또는 라틴어화된 영어로 기재한다.
③ 일반적으로 이탤릭체로 기재한다.
④ 속명의 첫 문자는 대문자를 사용하고, 종소명은 소문자로만 표기한다.
⑤ 아종명(subspecies name)은 종명의 다음에 아종소명을 붙여 삼명법으로 표시한다.
⑥ 명명자의 이름은 속명과 종소명 다음에 표기하며 생략하기도 한다.
　예) *Lavandula angustifolia* Mill.

04 에센셜 오일 추출법

　에센셜 오일은 식물의 표면 또는 식물 조직 내에 특정화된 분비 구조들에서 발견되며, 고유의 향기와 치유 효과를 갖는다. 어떤 식물은 에센셜 오일을 많이 함유하고 어떤 식물은 매우 소량의 에센셜 오일을 함유한다. 에센셜 오일은 방향성 식물의 꽃, 잎, 씨앗, 과일껍질, 심재, 껍질, 수액, 레진, 근경, 뿌리 등에서 획득하며, 원료식물의 종류와 특성에 따라 에센셜 오일을 추출하는 방법도 몇 가지로 나누어진다. 에센셜 오일의 추출법에는 기본적으로 증류법, 압착법, 용매 추출법이 있다.

1 증류법

　증류란 끓는점 차이를 이용하여 액체 상태의 혼합물을 분리하는 방법으로, 화학 반응 없이 물리적인 분리를 하는 과정이다. 에센셜 오일이 증류법을 통해 추출되는 방법은 매우 간단하다. 가열한 물 또는 수증기에 의해 식물 세포막에서 에센셜 오일 성분이 증발하거나 유리되고, 에센셜 오일의 분자들을 포함한 증기는 냉각장치를 통과하며 액화되어 오일과 물의 밀도차에 의해 분리된다. 여기서 얻어진 오일과 물이 에센셜 오일과 하이드로렛(hydrolat)이다.

　식물에서 원하는 물질을 얻기 위해서 역사적으로 고대 중국을 비롯하여 인도, 이집트에서 증류법이 사용되어 왔다. 순수한 에센셜 오일을 추출하기 위해서 증류법을 완성한 사람은 페르시아의 연금술사이자 물리학자인 아비세나(Avicenna, A.D 980~1037)이다. 증류법은 가장 오래 되었으며, 식물로부터 에센셜 오일을 추출하기 위해 가장 간단하고 보편적으로 사용되는 방법이다.

(1) 물 증류법(water distillation)

　원료가 되는 식물을 물속에 완전히 담근 후 증류시키는 방법이다. 압력을 낮추면 액체의 끓는점을 낮출 수 있는데, 예를 들면 진공 상태에서 물을 증류시킴으로써 휘발성 액체의 증발 속도를 증가시키는 것이 가능하다. 또, 고도가 높아질수록 기압이 감소하여 물의 끓는점은 낮아지기 때문에 100°C 이하의 온도에서 물 증류가 계속되는 것이 가능하다. 거의 모든 에센셜 오일 성분은 고온에서 불안정하기에 증류 온도가 감소하면 에센셜 오일의 품질이 향상된다. 물 증류는 장비 비용이 저렴하고 설계가 간단하지만 추출 시간이 오래 걸린다.

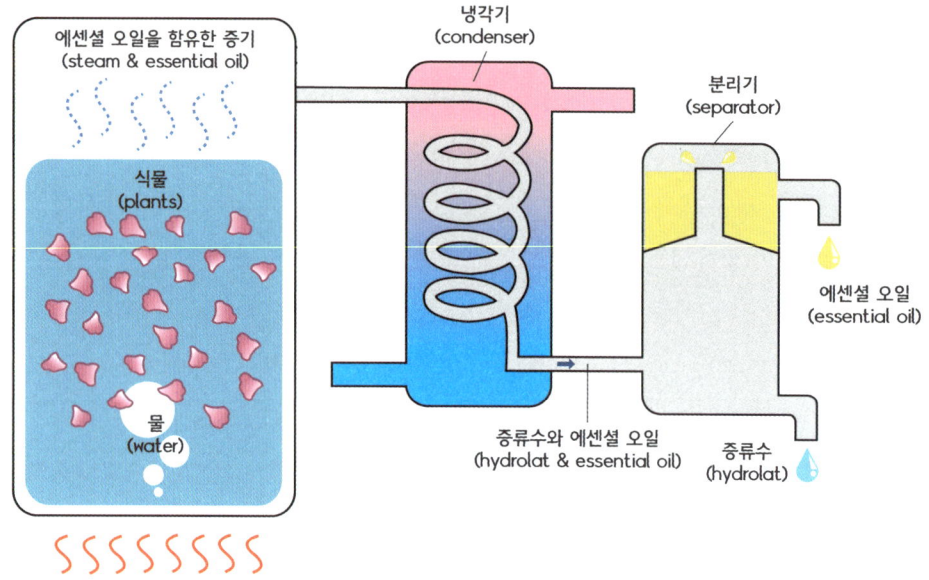

[물 증류법]

(2) 수증기 증류법(steam distillation)

증기가 식물 재료를 통과하여 에센셜 오일을 분리하는 방법이다. 끓는점이 높고 물에 거의 녹

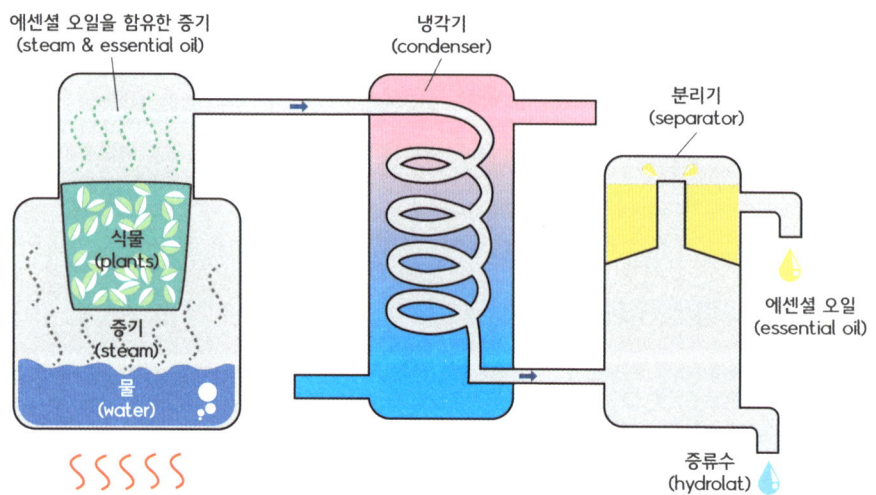

[수증기 증류법]

지 않는 유기화합물에 수증기를 불어넣으면 그 물질의 끓는점보다 낮은 온도에서 수증기와 함께 증류하게 된다. 물 증류보다 더 빠른 속도로 에센셜 오일이 추출되므로 열에 불안정하거나 민감한 에센셜 오일 성분의 공정을 최대한 빨리 마칠 수 있다. 에센셜 오일에 대한 손상을 최소화하며, 가수 분해에 상대적으로 더 짧은 시간 노출되는 것이 장점이라고 할 수 있다. 증기 증류는 가장 널리 인정받고 있으며 우수한 방식으로 대부분의 에센셜 오일이 증기 증류법으로 추출되고 있다.

(3) 기타 증류 기술

① 재증류(cohobation)

증류에서 추가될 수 있는 절차로, 증류수(hydrolats)를 다시 가열하여 증류수에 용해될 수 있는 산소 성분의 손실을 최소화하는 방법이다. 예를 들어, 로즈 오또 오일을 추출할 때에 로즈 향을 결정하는 주요한 성분 중 하나인 페닐에틸 알코올(phenylethyl alcohol)은 수용성으로 증류수에 용해되어 더 많이 남아 있게 된다. 순수한 로즈 오일의 향을 얻어 내기 위해서 증류수 속에 용해된 페닐에틸 알코올 성분을 다시 증류하는 과정을 거친다. 재증류로 분리된 페닐에틸 알코올은 처음 추출한 증류 혼합물과 일정한 비율로 혼합되어 '로즈 오또(Rose otto)' 오일이 만들어진다.

② 정류(rectification)

에센셜 오일에 포함된 원치 않는 불순물을 제거하거나 특정 성분을 원하는 수준에 맞추어 추출하는 방법을 말한다. 원액의 재증류 과정을 통해 각 성분의 휘발 속도를 이용하여 분리 정제한다. 예를 들어, 유칼립투스 오일 추출 시 충분한 수준의 1,8-cineole 성분 함유를 위해 사용되기도 한다.

③ 분별 증류(fractional distillation)

분별 증류 과정은 정상적인 증류방법에 따라 수행되지만, 증류가 진행됨에 따라 증류가 중지되었다가 다시 시작하기를 반복하며 에센셜 오일을 분리 수납하는 것이다. 분별 증류의 대표적인 예는 일랑일랑 오일로, 분리 수납에 따라 Extra, First, Second, Third grade로 나누며 처음 수납된 오일이 가장 바람직한 등급으로 간주되며 가격도 가장 비싸다.

2 압착법(expression)

압착법은 에센셜 오일 중에서 감귤류(citrus)에 국한된다. 압착법은 열을 가하지 않고 물리적인 힘을 가해서 오일을 추출하는 방법이다. 감귤류의 에센셜 오일 세포는 과피 바깥쪽의 플라베도(flavedo)에 위치한다. 과피를 송곳 등의 도구를 이용하여 구멍을 내거나 누르면 세포 표면이 열리게 되어 에센셜 오일이 방출된다. 시트러스 에센셜 오일들은 대부분 탑노트이며, 휘발성이 매우 강하다. 압착법으로 추출한 에센셜 오일에는 이러한 작은 분자들과 함께 미량의 큰 분자들도 포함된다. 압착법의 장점은 에센셜 오일이 열에 노출되지 않는다는 것이다.

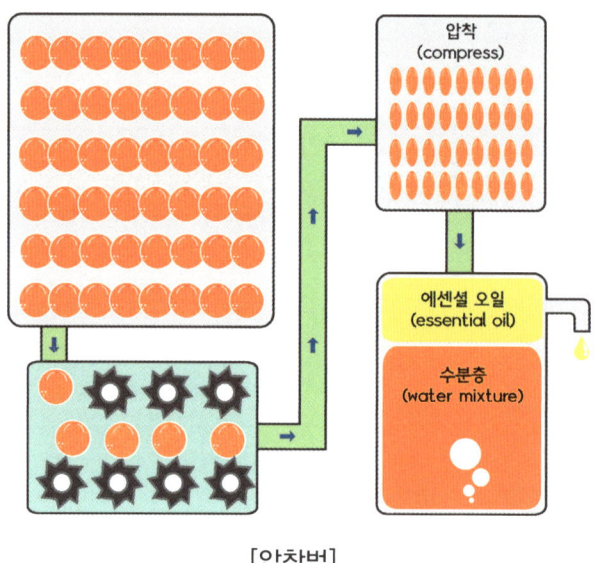

[압착법]

전통적으로는 스펀지나 에큐엘(ecuelle)을 이용하여 추출해 왔다. 스펀지 추출은 과일에서 제거한 껍질을 따듯한 물에 담가 두어 부드럽고 탄력있게 한 후, 껍질을 뒤집어 원 안에 스펀지를 넣고 손으로 압력을 가하는 것이다. 오일을 흡수한 스펀지는 수집 용기에 주기적으로 짜 준다. 에큐엘은 17세기에 처음 만들어진 프랑스의 주발이다. 과일을 통째로 못이 들어있는 볼에서 굴리면 껍질의 세포에 구멍이 나서 오일이 나오는 방식이다. 최근에는 마멸장치(machine abrasion)를 이용해 기계적으로 과일을 통째로 으깬 뒤 수층 원심분리를 통해 추출한다. 통째로 과일을 압축하기도 하지만, 껍질만 분류해 압착한 오일이 더 품질이 좋다.

3 용매 추출법(solvent extraction)

원료인 식물에 에센셜 오일이 극소량으로 존재하거나 대부분이 수지성분으로 이루어진 경우 용매를 이용하여 추출할 수 있다. 용매(solvent)란 어떤 물질을 녹이는 물질을 의미한다. 헥세인과 같은 탄화수소 용매나 알코올을 주로 사용하며, 이산화탄소를 용매로 하는 CO_2 추출법도 있다. 현대에는 거의 사용되지 않지만 전통적인 용매 추출법인 온침법(maceration), 냉침법(enfleuage)에서는 식물성 지방이 쓰였다.

증류법에 비해 에센셜 오일 성분의 재배열이 덜한 매우 부드러운 추출법으로 용매로 추출한 에센셜 오일은 향과 양이 풍부하며, 증류법으로 추출되지 않는 중량이 큰 화학 성분까지도 추출할 수 있다는 장점이 있다. 그러나 용매로 추출된 오일에는 식물의 에센셜 오일 성분뿐만 아니라 왁스나 식물 염료와 같은 비휘발성 성분도 함께 추출되고, 잔존 가능성은 매우 낮지만 완전히 제거되지 않은 용매 성분들이 자극이나 알레르기를 유발할 수도 있다는 단점이 있다.

용매의 추출과정을 간단히 말하면 원료인 식물에 용매를 첨가해 에센셜 오일이 용해되면 용매를 제거하는 것이다.

① 식물이 용해된 휘발성 성분과 비휘발성 성분의 혼합물을 '엑스트락(extract)'이라 한다. 엑스트락을 에센셜 오일의 휘발성 성분들이 날아가기에는 약하나 용매가 끓기에는 적합한 정도로 열을 가해 준다. 이 과정은 에센셜 오일을 증류하기 위함이 아닌 용매를 제거하기 위함이다.
② 용매가 제거된 후에 남은 왁스 같은 단단한 반고체성의 물질을 '콘크리트(concrete)'라고 한다. 수지(resin) 성분이 풍부한 용매 추출물의 경우에는 '레지노이드(resinoid)'라 하며, 일반적으로 점성 또는 반고체 혼합물이다. 콘크리트 또는 레지노이드 속에는 에센셜 오일, 식물성 왁스, 지방산 등이 혼합되어 있다.
③ 콘크리트 또는 레지노이드는 알코올에 용해한 후, 냉각 과정을 통해 침전된 왁스와 석출된 비 휘발성 물질 대부분을 여과하여 제거한다. 알코올은 가능한 최저온도의 진공상태에서 증류하여 제거한 후, 최종적으로 얻어지는 결과물을 '앱솔루트(absolute)'라고 한다.

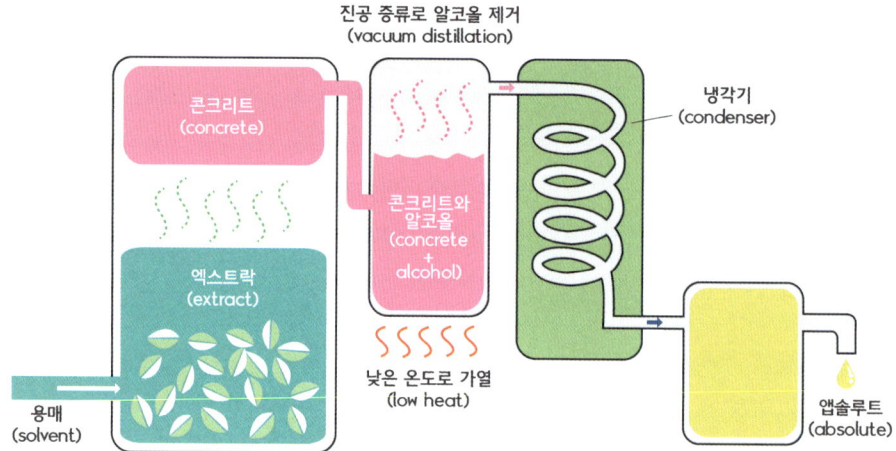

[용매 추출법]

냉침법(enfleurage)

차가운 지방을 용매로 이용한 방법으로 고대부터 사용된 전통적인 방법이다. 숙련된 기술자들의 반복적인 수작업이 필요한 노동집약적인 방법이기 때문에 현대에는 거의 사용되지 않는다. 냉침법으로 얻는 오일은 양이 매우 적지만 순도에 있어서 완전히 다르며, 마치 살아 있는 꽃송이에서 뿜어 나오는 듯한 달콤하고 풍부한 향이 발산된다. 냉침법의 순서는 다음과 같다.

- 샤시(chassis)라고 하는 나무 프레임에 유리를 놓고 지방(fat)을 얇게 펴 바른다.
- 아침 일찍 수확한 신선한 꽃잎들을 손으로 하나씩 올려놓는다. 24~48시간 정도가 경과하며 에센셜 오일이 꽃에서 지방으로 흡수된다.
- 꽃을 제거하고 신선한 꽃을 다시 올려놓는 과정을 10~20번 이상하여 지방(fat)에 꽃 향이 충분히 베어들 때까지 반복한다. 향이 가득해진 지방을 포마드(pomade)라고 한다.
- 포마드에서 알코올을 사용하여 에센셜 오일을 추출해 내면 앱솔루트(absolute)가 얻어진다.

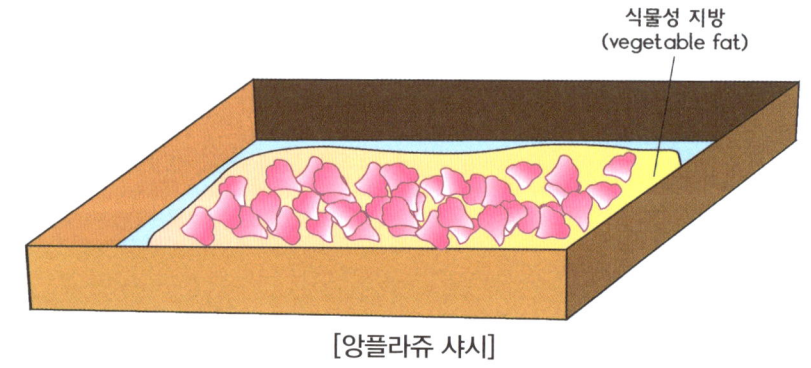

[앙플라쥬 샤시]

4 초임계 이산화탄소 추출법(supercritical carbon dioxide extraction)

이산화탄소 추출법은 이산화탄소를 용매로 하며, 에센셜 오일 산업에서 새로운 추출법으로 각광받고 있다. 이산화탄소는 고체 상태일 때는 해빙 시에 바로 기체로 승화하므로 드라이아이스라고 부른다. 기체 상태일 때는 무색, 무취, 무미로 압력을 가하면 쉽게 액화되며, 분자의 밀도 변화가 크고 확산이 빨라서 용매로 사용하면 특정 성분을 추출하고 분리하기에 적합하다. 또한 증발 후에 유해한 성분이 남아 있을 확률이 거의 없다. 증류법에서 추출된 에센셜 오일과는 화학적으로 다를 뿐만 아니라 수증기나 물 증류법에서 발견되지 않는 분자도 함유하고 있다.

초임계(supercritical) 상태에서는 물질이 액체, 기체의 특성을 모두 갖는다. 즉, 기체처럼 확산하는 성질을 갖기도 하며 다른 물질을 용해시키는 액체의 성질 또한 갖는다. 이산화탄소는 저온고압, 33°C 온도와 200기압 이상의 압에서 초임계 상태가 되며 에센셜 오일을 추출하는 데 매우 적합한 용매제가 된다. 저온에서 진행되기 때문에 증류법에서 볼 수 있는 열에 의한 에센셜 오일이 손상이 없으며, 추출 과정은 순식간에 진행된다. 오일의 향은 수증기나 물 증류법에서 나온 에센셜 오일보다 훨씬 식물 원래의 향에 가깝다. 용매제인 이산화탄소가 활성이 없는 안정적인 성질이므로 에센셜 오일과 화학적 반응이 생겨나지 않으며, 용매를 깨끗하게 제거할 수 있다는 장점이 있다. 이산화탄소는 압력을 빼서 제거할 수 있다. 추출된 오일에는 CO_2라는 표시를 한다.

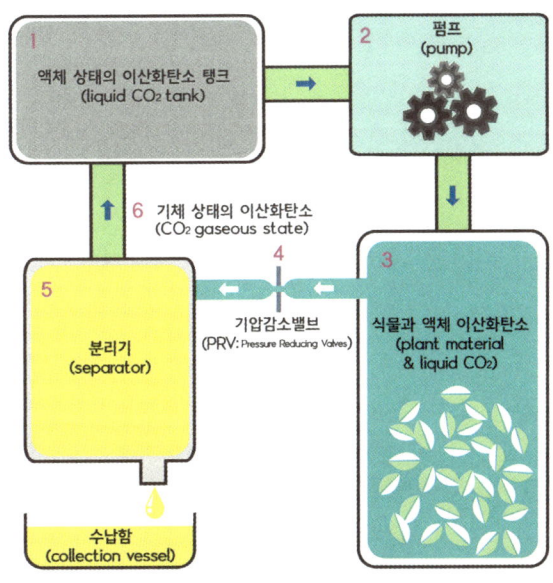

[이산화탄소 추출법]

05 에센셜 오일의 기초 화학

　에센셜 오일은 식물의 대사 과정의 생합성 경로에 따라 만들어지는 산물이며, 수많은 분자구조로 이루어진 유기화합물로 고유의 치유효과와 향기를 갖는다. 에센셜 오일은 수십에서 수백 가지의 다양한 화학성분으로 이루어져 있으며, 아직 밝혀지지 않은 성분들도 있다. 에센셜 오일에 대해 인정된 다양한 용도는 주로 이러한 화학성분 때문이며, 에센셜 오일을 구성하는 기본적인 화학 그룹 분류와 성분에 따른 에센셜 오일 특성에 대한 이해는 에센셜 오일을 치료적으로 응용할 수 있는 과학적 구조와 근본적 이유를 제공한다.

　에센셜 오일의 치유적 효과를 과학적 근거로 증명해 내는 것은 분명 중요하며 주요 화학적 구성에 기초한 약리학적 효과는 예측이 가능할 수 있지만, 오직 화학적 성질만으로 아로마테라피를 입증하지는 않도록 한다. 에센셜 오일은 다중 성분(multicomponent)으로 구성되는 천연 화합물이다. 단일 성분(single compound)과 비교할 때 가장 큰 차이점은 바로 각 식물이 가진 고유의 '생명력'일 것이다. 에센셜 오일 내에서 서로 다른 각 성분들 간의 결합작용은 단일 성분의 효과보다 크며 자체적인 시너지(synergy) 효과를 갖는다. 수백 년 동안 축적된 에센셜 오일의 임상 증거는 매우 명백하고 중요하며, 단일 성분으로 그 치유적 작용을 설명하는 것보다 에센셜 오일 전체 성분의 작용을 추론하는 것이 보다 정확하고 논리적이라고 볼 수 있다.

　어떤 경우에는 미량 성분이 주요 성분을 향상시켜 그 효과를 증가시키거나 다른 성분의 발현을 억제함으로써 에센셜 오일의 약리학적 활동에 극적으로 기여한다. 이는 일부 에센셜 오일의 경우 화학구조이론과 임상에 의한 경험적 증거 사이에 불일치가 있는 점을 어느 정도 설명해 준다. 에센셜 오일은 식물 그 자체에서 얻어 낸 에너지를 가진 추출물로서, 성분들 간의 상호보완적 역할들과 길항작용은 예측할 수 없는 요소를 허용하며 일반화하기 어렵다. 예를 들어, 오렌지 스위트 오일의 경우 최대 98%의 모노테르펜 성분을 함유하는데, 이는 레몬이나 로즈마리 등의 다른 많은 에센셜 오일에서 볼 수 있듯이 이론적으로는 신경 자극적이고 활력을 주는 성분이다. 그러나 이러한 모노테르펜의 지배적인 함유량에도 불구하고 오렌지 오일은 오히려 진정작용을 보여주며, 이는 임상적으로 매우 신뢰할 수 있는 증거를 가진다.

　에센셜 오일에서 가장 흔하게 발생하는 화합물은 테르페노이드(terpenoid)와 페닐프로파노이드(phenylpropanoid)이다.

테르펜 또는 테르페노이드는 이소프렌(isoprene)을 구성단위로 하는 유기화합물의 총칭으로 생물체가 만들어 내는 유기화학 물질 군 중에서 가장 큰 그룹의 하나이다. 이소프렌 분자는 8개의 수소 원자와 5개의 탄소 원자로 구성되어 총 13개의 원자로 형성되는데 이를 기본 단위 구조로 하여 5의 배수의 탄소 골격이 있는 화합물이 형성된다. 테르페노이드는 이소프렌이 연결되어 생긴 구조의 탄화수소 또는 그 유도체를 통틀어 이르는 말이다.

[이소프렌]

에센셜 오일을 구성하는 테르페노이드는 대부분 메발론산 경로(mevalonic acid pathway)를 통해 생합성된다. 식물의 세포질에서 아세틸-CoA로부터 시작되는 이 경로는 메발론산을 형성하고 여러 단계의 효소 반응을 통해 테르페노이드 분자 생합성을 위한 필수 전구물질인 이소펜테닐 이인산염(isopentenyl pyrophosphate, IPP)과 다이메틸알릴 이인산염(dimethylallyl pyrophosphate, DMAPP)을 생성한다. 한편, 식물의 색소체에서도 비메발론산 경로라고도 불리는 메틸에리스리톨 이인산염 경로(methylerythritol 4-phosphate, MEP)를 통해 IPP와 DMAPP를 생성한다. IPP와 DMAPP로부터 추가적인 다양한 반응을 통해 무수한 형태의 테르펜류가 합성된다.

이소프렌은 가장 작은 테르페노이드인 헤미테르펜(hemiterphem, C5)에 속한다. 두 개의 이소프렌 분자로 구성된 모노테르펜(monoterpene, C10)을 기준으로 하여 세스퀴테르펜(sesquiterpene, C15), 디테르펜(diterpenes, C20) 등으로 구분된다. 접두사로서 'mono'는 하나를, 'sesqui'는 1.5를 의미한다.

① 모노테르펜(monoterepenes) : 2개의 이소프렌, C10
② 세스퀴테르펜(sesquiterpenes) : 3개의 이소프렌, C15
③ 디테르펜(diterpenes) : 4개의 이소프렌, C20
④ 트리테르펜(triterpenes) : 6개의 이소프렌, C30

에센셜 오일에서 발견되는 분자구조는 대부분이 10, 15개의 탄소 원자로 이루어지는 모노테르펜과 세스퀴테르펜이다. 간혹 미량의 디테르펜이 포함되기도 하지만, 트리테르펜은 발견할 수 없다. 탄소원자의 수가 커질수록 분자의 비중이 무거워지고 휘발성이 떨어져 증기 증류하기가 힘들기 때문이다. 압착법으로 추출되는 감귤류(citrus) 오일에서도 식물의 살아 있는 조직에 의해 합성된 본래의 구성성분인 테르펜을 높은 비율로 함유한다.

대부분의 에센셜 오일 구성은 이소프렌 단위 수에 따라 만들어지고 테르펜 탄화수소를 기본으로 작용기를 가지며, 이들로부터 유도되는 그룹은 알코올, 알데하이드, 케톤, 옥사이드 등이다.

작용기란, 탄소 화합물에서 독특한 성질을 나타내는 원자단을 말하는데 화합물은 작용기에 따라서 독특한 성질을 나타낸다. 예를 들어 알코올에는 하이드록시기 -OH, 케톤에는 카르보닐기 -CO-, 알데하이드에는 포르밀기 -CHO 작용기가 있다.

에센셜 오일의 일부를 구성하는 페닐프로파노이드(phenylpropanoid) 화합물은 식물의 시킴산 경로(shikimic acid pathway)를 통해 생합성된다. 방향족 아미노산인 페닐알라닌(phenylalanine)과 티로신(tyrosine)으로부터 여러 변형 과정을 통해 다양한 페닐프로파노이드 구조가 만들어진다. 이소프렌 단위로 만들어지는 테르페노이드와 달리, 벤젠고리(benzene ring)의 합성작용으로 일어나는 것으로 페놀, 에테르, 쿠마린 등의 구조를 가진다. 벤젠고리는 분자 내 탄소 원자 6개가 연결되어 고리식 구조를 가지며 방향족 화합물(aromatic compounds)에 포함된다.

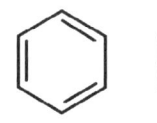

[벤젠고리]

대부분의 에센셜 오일이 추출되는 증기 증류법은 테르페노이드 화합물을 비롯해 페닐프로판에서 파생된 화합물과 같은 휘발성 성분을 추출한다. 식물에 있는 다른 많은 구성요소는 에센셜 오일의 구성에서 발견되지 않는데, 증기로 증발하기에는 극성이 너무 높거나 크기 때문이다. 에센셜 오일의 화학성질은 대개 추출 과정과 식물에 의한 구성 분자의 생합성(biosynthesis)에 의해 결정된다.

기본적인 화학 그룹을 이해하는 것은 아로마테라피스트가 에센셜 오일을 이해하고 선택하는데 많은 도움이 된다. 탄소, 수소 및 산소는 생명 자체에 필수적이며, 이 세 가지 원자는 모든 에센셜 오일에 포함되어 있다. 에센셜 오일은 수많은 방법으로 자연스럽게 결합되어 화합물을 구성하며, 분자들은 서로 활발하게 반응한다. 에센셜 오일의 구성 분자들은 증류된 후에도 반응하며, 성질이 변할 수 있어 적절한 보관이 중요하다. 에센셜 오일을 구성하는 성분들을 기본 화학 그룹으로 나누어 이해해본다.

1 모노테르펜 하이드로카본(monoterpene hydrocarbons)

10개의 탄소원자를 가지고 있는 2개의 이소프렌 단위로 단일 체인으로 만들어진 탄화수소이다. 모노테르펜 하이드로카본은 거의 모든 에센셜 오일에 함유되어 있으며 운향과(rutaceae)와 침엽수과(cupressaceae) 식물에서 생산되는 에센셜 오일들은 모노테르펜 하이드로카본 성분을 어느 정도 함유하고 있다. 모든 모노테르펜 하이드로카본은 -ene로 끝난다.

① **특징** : 분자의 크기가 작기에 모노테르펜 함량이 높은 에센셜 오일들은 투명하고 점도가 낮으며, 휘발성이 높아 탑노트에 속한다. 공기 중에 노출될 경우 산소와 쉽게 반응하여 쉽게 산화되는 특징이 있다. 모노테르펜 하이드로카본은 간혹 피부자극 및 피부감작을 일으킬 수 있다고 보고되는데, 대부분의 경우 산화된 오일의 사용이 원인이 되는 경우가 많다. 산화된 오일은 피부 자극을 일으킬 수 있으므로 주의한다.

② **작용** : 모노테르펜의 주요 작용은 진통, 항바이러스, 항균과 살균이며, 방부성이 뛰어나다. 정신을 맑게 하여 순간적 집중력을 높여주며, 활기차고 긍정적인 감정을 갖도록 돕는다.

③ **주요성분과 발견할 수 있는 에센셜 오일의 예**

limonene	Sweet Orange, Lemon, Grapefruit, Pine, Neroli
α-pinene	Pine, Myrtle, Juniper Berry, Cypress, Everlasting
β-myrcene	Juniper Berry, Pine, Lemongrass, West Indian Bay
γ-terpinene	Tea Tree, Mandarin, Lime, Sweet Marjoram

2 세스퀴테르펜 하이드로카본(sesquiterpene hydrocarbons)

3개의 이소프렌 단위로 구성되어 15개의 탄소원자를 가진다. 모노테르펜과 함께 식물에서 추출되는 에센셜 오일의 주성분이다. 국화과(asteraceae) 식물에서 생산되는 에센셜 오일은 상대적으로 높은 세스퀴테르펜 하이드로카본을 함유한다. 모든 세스퀴테르펜 하이드로카본은 -ene로 끝난다.

① **특징** : 모노테르펜보다 분자가 무겁고 점도가 높으며 휘발성이 낮아, 세스퀴테르펜 함량이 높은 오일들은 미들노트에 속하는 경우가 많다.

② **작용** : 대표적인 작용으로 항염 작용을 꼽을 수 있다. 살균, 소독, 냉각, 약간의 방부효과,

약간의 혈압강하, 진통 완화 등의 작용을 하며, 마음을 이완 및 진정시켜 주고 강화하는 효과가 있다.

③ 주요성분과 발견할 수 있는 에센셜 오일의 예

chamazulene	German Chamomile, Blue Tansy
β-caryophyllene	Ylang Ylang, Patchouli, Everlasting, Clove Bud, Basil
zingiberene	Ginger
β-farnesene	German Chamomile

3 모노테르펜 알코올(monoterpene alcohols)

알코올은 일반적으로 독성이 낮고 매우 안전하고 효과적으로 아로마테라피스트에게 유익한 화학 그룹이다. 알코올은 탄화수소의 수소 원자가 하이드록시기(-OH)로 치환된 유기 화합물이다.

모노테르펜 하이드로카본의 탄소원자 중 하나에 하이드록시기가 결합되어 모노테르펜 알코올이 만들어진다. 모든 모노테르펜 알코올은 -ol로 끝난다.

① **특징** : 모노테르펜 알코올은 에센셜 오일 구성성분 중 가장 유효하고 안전한 것으로 여겨진다. 간혹 가벼운 피부 자극을 일으킬 수는 있으나 모노테르펜 하이드로카본보다는 미미하다. 모노테르펜 알코올이 풍부한 에센셜 오일의 대부분은 멸균성을 가지고 있고 상쾌하고 기분을 향상시키는 향을 가진다. 모노테르펜 하이드로카본보다 휘발성이 낮고, 미들노트에 속하는 경우가 많다.

② **작용** : 주요 특성은 강한 항균, 항진균, 항바이러스, 혈관 수축, 일반적인 자극 및 진정 등이다.

③ 주요성분과 발견할 수 있는 에센셜 오일의 예

linalool	Lavender, Clary Sage, Rosewood, Thyme
geraniol	Geranium, Palmarosa, Rose
terpineol-4-ol	Tea Tree, Juniper Berry, Sweet Marjoram
menthol	Peppermint
β-citronellol	Citronella, Rose

4 세스퀴테르펜 알코올(sesquiterpene alcohols)

세스퀴테르펜 하이드로카본의 탄소 원자 중 하나에 하이드록시기(-OH)가 결합되어 세스퀴테르펜 알코올이 만들어진다.

① **특징** : 세스퀴테르펜 알코올의 약리학적 특성은 상당히 다양한 것으로 알려진다. 세스퀴테르펜 알코올은 주로 희미한 향이거나 나무, 흙 냄새가 난다. 분자 크기가 크기 때문에 다른 그룹의 에센셜 오일 분자들과 비교 시 휘발성이 더 낮아 주로 베이스 노트로 구분되며, 피부로의 침투 속도도 더 느리다. 독성이 낮고 피부 자극이 적은 것으로 알려진다. 세스퀴테르펜 알코올의 함량이 높은 오일은 모두 점성이 있으며 나무향을 가진다.

② **작용** : 주요 작용은 항염(소염), 항바이러스이다. 근육과 신경을 강화하고 정맥과 림프성 기관의 충혈을 줄이며, 분비선을 자극하며, 면역 자극 효과도 있는 것으로 나타난다.

③ 주요성분과 발견할 수 있는 에센셜 오일의 예

patchouli alcohol	Patchouli
β-santalol	Sandalwood
Cedrol	Cederwood Virginia
farnesol	Jasmin, Ylang Ylang, Rose
zingiberol	Ginger

5 에스테르(esters)

에스테르는 알코올과 산의 결합으로 생성된다. 에스테르는 두 개의 부모 분자로부터 이름을 따서 명명되는데, 예를 들어 리나룰(linalool)과 아세트산(acetic acid)이 결합하여 linalyl acetate가 된다.

① **특징** : 에스테르는 일반적으로 낮은 독성으로 사용하기 쉬운 그룹이며, 피부에 안전한 편이다. 한편, 독성이 있다고 알려진 일부 에스테르는 methyl salicylate와 sabinyl acetate로 각각 윈터그린, 스페인 세이지 등에서 발견되는데 경련, 혼수상태 등의 증상을 유발할 수 있으므로 사용에 주의한다.

② **작용** : 주요 작용은 진정, 진경, 항염, 신경 안정 및 강화, 항진균 효과이다.
③ **주요성분과 발견할 수 있는 에센셜 오일의 예**

linalyl acetate	Lavender, Clary sage, Bergamot
geranyl acetate	Geranium, Ylang Ylang, Palmarosa
benzyl acetate	Jasmine, Ylang Ylang
isobutyl angelate	Roman Chamomile

6 페놀(phenols)

알코올과 마찬가지로 하이드록시기(-OH) 작용기가 있지만, 벤젠고리에 붙어 있는 방향족 화합물로서 알코올과 구분된다. 알코올과 같이 페놀은 -ol로 끝난다.

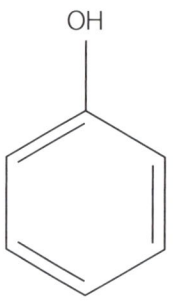

[phenol의 구조식]

① **특징** : 페놀은 생물학적으로 매우 활성적이다. 향이 강하며 스파이시하고 허브향이 나며 약으로 사용되는 아로마이다. 페놀은 피부와 점막에 가장 자극적인 성분으로 여겨지며, 접촉성 피부염 및 피부 감작을 일으킬 수 있으므로 페놀이 많이 함유되어 있는 오일을 사용시에는 특히 주의하여 짧은 기간 동안 낮은 농도로 희석하여 사용한다. 휘발성은 낮은 편이다.
② **작용** : 뛰어난 방부성, 매우 강한 항균력, 발적, 소독, 면역계와 신경계의 자극 효과가 있다.
③ **주요성분과 발견할 수 있는 에센셜 오일의 예**

thymol	Thyme, Oregano, Ajowan
carvacrol	Thyme, Savory, Oregano, Wild Marjoram

7 알데하이드(aldehydes)

말단에 위치한 탄소 원자에 산소와 이중 결합을 가지는 카르보닐기(C=O)와 카보닐기의 탄소 원자에 수소 원자가 결합된 –CHO 구조를 가진 유기화합물이다. 1차 알코올의 산화과정을 통해 파생된다. 예를 들면, geraniol에서 파생되는 geranial이 있다. 대개 –al 또는 –aldehyde로 끝난다.

① **특징** : 알데하이드는 매우 불안정하여 공기에 노출되면 쉽게 산화된다. 이러한 특성은 피부와 점막에 자극이 될 수 있으므로 주의하여 사용한다. 민감한 사람들은 사용하지 않거나 낮은 비율을 선택한다.

② **작용** : 알데하이드는 일반적으로 신경계 진정, 항바이러스, 항염, 혈관확장과 혈압강하, 항진균 작용을 한다.

③ **주요성분과 발견할 수 있는 에센셜 오일의 예**

geranial	Lemongrass, Melissa, May Chang, Lemon
neral	Lemongrass, Melissa, May Chang, Lemon
citronellal	Citronella, Lemon scented Eucalyptus
cinnamaldehyde	Cinnamon Bark

8 케톤(ketones)

알데하이드와 마찬가지로 카르보닐기(C=O)가 있지만, 알데하이드는 카르보닐기에 수소와 탄소 사슬이 결합되어 있는 형태이고 케톤은 카르보닐기에 두 개의 탄소 사슬이 결합되어 있다. 2차 알코올의 산화에 의해 파생된다. 예를 들면, menthol에서 파생되는 menthone이 있다. 케톤은 대개 –one로 끝난다.

① **특징** : 일부 케톤은 강한 신경독성으로 알려져 사용에 특히 주의를 요하지만 모든 케톤이 독성을 가지는 것은 아니며, 안전하게 사용할 수 있는 케톤 성분들을 포함한다.

② **작용** : 케톤은 상처 치료 효과가 뛰어나며 점액 용해, 항출혈, 항바이러스, 항진통의 작용을 한다.

③ 주요성분과 발견할 수 있는 에센셜 오일의 예

verbenone	Rosemary, Frankincense
jasmone	Jasmine
italidone	Everlasting
menthone	Peppermint
fenchone	Fennel
thujone(주의 : 신경독성)	Thuja, Sage, Wormwood
camphor(주의 : 신경독성)	Camphor, Rosemary(ct. camphor), Sage

9 에테르(ethers)

분자 내에 산소원자를 중심으로 하여 두 개의 탄화수소기 사슬, 고리 또는 다른 탄화수소 분자 구조가 통합되는 C−O−C 결합이 있는 유기 화합물이다. 산소원자와 결합하는 요소에 따라 방향족 또는 지방족이 될 수 있다. 에센셜 오일에서 발견되는 에테르는 대부분 페놀에서 파생되는데 하이드록시기(−OH)의 작용기의 수소원자가 탄소고리(일반적으로 메틸기, −CH$_3$)에 치환되어 만들어진다. 에테르는 종종 페놀과 탄소사슬그룹 이름을 따서 명명되거나, −ole로 끝나기도 한다.

① **특징** : 에테르는 에센셜 오일에서 드물게 자연적으로 생기며 강한 향을 가지는 경향이 있다. 발암성, 신경독성, 피부자극의 문제가 있어 사용하기 쉽지 않은 그룹으로 사용에 주의한다. 경구 투여 시, 마비효과를 일으켜 경련 및 사망으로까지 갈 수 있으므로 주의한다. 임신 기간 동안 절대 사용하지 않는다.
② **작용** : 에테르는 강한 방부성을 가지며 마취, 항경련, 항진통, 살균 작용을 한다.
③ 주요성분과 발견할 수 있는 에센셜 오일의 예

anethole	Aniseed, Fennel
methyl chavicol	Basil, Fennel
myristicin	Nutmeg, Parsley seed
eugenol	Clove Bud, Cinnamon, West Indian Bay

10 옥사이드(oxides)

지방족 탄화수소의 고리식 구조안에 산소원자를 포함하는 C-O-C 결합이 있는 형태이다. 즉, 산소와 다른 원소의 화합물로 고리모양 에테르(cyclic ether) 또는 옥사이드로 알려진다. 에센셜 오일에서 가장 흔히 발생하는 옥사이드는 1,8-cineole이다. 주로 -ole로 끝나거나 끝에 oxide가 붙는다.

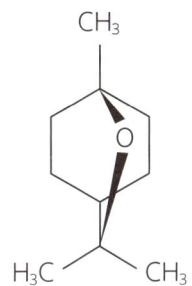

[1,8-cineole의 구조식]

① **특징** : 대부분의 다른 옥사이드는 아직 치료 효과에 대해 많이 연구되지 않았기 때문에 주로 1,8-cineole의 치료 효과에 대해 잘 알려져 있다. 휘발성이 높은 편으로, 피부에 자극이 될 수 있다.
② **작용** : 면역계를 자극하며, 탁월한 거담작용으로 폐와 기관지를 정화시킨다.
③ **주요성분과 발견할 수 있는 에센셜 오일의 예**

1, 8-cineole	Eucalyptus, Cajuput, Sage, Spike Lavender, Tea tree
rose oxide	Geranium, Rose, Cistus
bisabolol oxide	German Chamomile

11 락톤(lactones)

분자내 에스테르화 반응에서 파생되는 것으로 추정되며, 항상 닫힌 고리의 일부인 산소 원자 옆에 카르보닐기(C=O)를 가지고 있다. 아로마테라피에 사용되는 에센셜 오일에는 락톤이 주요성분으로 함유되지 않는다. 락톤은 대게 -lactone으로 끝나는 경향이 있지만 -in, -ine로 끝날 수 있다.

① 특징 : 락톤 함량이 높은 오일은 피부 알레르기와 민감성 등을 유발할 가능성이 있지만 다행히 몇가지 에센셜 오일에만 소량을 함유하고 있다.
② 작용 : 락톤은 일반적으로 온도를 떨어뜨리는 성질이 있으며, 거담, 항염증, 면역자극 작용을 한다. 항염 작용에 대해 알려져 있다.
③ 주요성분과 발견할 수 있는 에센셜 오일의 예

δ-jasmin lactone	Jasmin

12 쿠마린(coumarins)

락톤의 일종으로 벤젠고리에 연결된 락톤 고리를 가지고 있으며, 차례로 여러 다른 작용기가 부착될 수 있다. 에센셜 오일에서 주로 산형과, 운향과 식물에서 발견되지만 아로마테라피에서 사용되는 어떠한 에센셜 오일도 높은 함량의 쿠마린을 포함하지 않는다. 쿠마린은 증기증류에 의해 다량으로 추출될 만큼 충분히 휘발성이 아니기 때문에 주로 압착법으로 얻는 오일과 몇 가지의 앱솔루트(absolute)에서만 발견된다. 푸로쿠마린(furocoumarin)은 푸란고리(furan ring)를 가지는 쿠마린의 유도체로, 버가못 에센셜 오일에서 분리된 것으로 잘 알려진 버갑텐(bergapten)은 처음으로 분리 확인된 푸로쿠마린이다.

① 특징 : 푸로쿠마린은 광독성(phototoxic)을 갖는 것으로 잘 알려져 있다. 미량의 푸로쿠마린이 함유된 오일도 피부에 적용 후 직사광선에 노출되면 피부에 화상, 발적 등 피부 과민화와 색소 침착이 생길 수 있으므로 주의한다.
② 작용 : 쿠마린은 진정, 항경련 작용이 있는 것으로 알려진다.
③ 주요성분과 발견할 수 있는 에센셜 오일의 예

bergapten	Bergamot, Lime, Bitter Orange
angelicine	Angelica

06 식물성 오일

아로마테라피에서는 에센셜 오일 외에도 하이드로렛이나 식물성 오일을 사용한다. 식물성 오일 역시 식물에서 얻어지지만, 구성 성분이나 생산 방식, 특징에서 에센셜 오일과는 매우 다르다. 식물성 오일은 식물의 씨, 견과, 과육 등에서 추출하며, 불포화지방산과 비타민, 미네랄 등의 유익한 영양성분이 풍부하여 그 자체로도 치유적 효과를 기대할 수 있다. 식물성 오일은 피부 표면에 잘 흡수되며, 영양과 보습 등의 피부 관리에 사용할 수 있다.

식물성 오일은 캐리어 오일(carrier oil), 베이스 오일(base oil) 또는 픽스드 오일(fixed oil)이라고도 부른다. 이는 식물성 오일이 에센셜 오일의 휘발 속도를 낮추어 주며, 신체 내로 효과적으로 침투하고 흡수되는 것을 도와주는 매개체 역할을 하기 때문이다.

아로마테라피에서는 생산 과정에서 최소한의 불순물이나 이물질만을 제거한 비정제 오일(unrefined oil)을 사용한다. 냉압착법으로 추출하는 비정제 식물성 오일은 특유의 향과 색상, 점도를 지니고 유익한 영양 성분이 보존되어 있다. 식물성 오일을 선택 시에는 다음과 같은 사항을 고려한다.

① 사용 목적과 피부 타입
② 피부에 유용한 영양 성분 함유 여부
③ 기타 첨가물 여부
④ 제조일자 또는 유통기한

아로마테라피에 많이 쓰이는 몇가지 기본적인 식물성 오일을 알아본다.

[식물성 오일]

1 스위트 아몬드 오일(sweet almond oil)

학명　*Prunus amygdalus* var. *dulcis*

　스위트 아몬드 오일은 피부를 보호하고 윤기 있게 해 주고 가려움증, 습진, 건조한 피부에 효과가 있으며, 염증을 완화한다. 다가 불포화지방산인 리놀레산이 풍부하여 민감한 피부나 튼 살에 이상적이다. 피부 관리를 위해 오랫동안 사용되어 왔으며, 유럽인들이 가장 선호하는 마사지 오일이기도 하다. 저장성이 좋은 편이며, 견과류 알러지 발생률은 낮은 편이다. 베이스로 100% 사용 가능하고 건성 피부를 포함한 모든 피부에 바디, 베이비 오일로 사용한다.

2 살구씨 오일(apricot kernel oil)

학명　*Prunus armeniaca*

　오일의 질감이 가볍고 끈적임 없이 피부에 쉽게 흡수되기 때문에 특히 페이스 마사지용으로 적합하다. 묵은 각질 제거와 피지 관리에 효과적이며, 장기간 사용 시 기미, 주근깨 관리에도 도움이 된다. 영양 성분의 구성이나 효능이 스위트 아몬드 오일과 비슷하지만, 저장성이 좀 더 좋다. 베이스로 100% 사용 가능하고 노화, 민감, 지성 피부를 포함한 모든 피부 타입에 사용한다.

3 호호바 오일(jojoba oil)

학명　*Simmondsia chinensis*

　호호바 오일이라는 명칭을 사용하지만, 화학적 분류는 액상왁스(liquid wax)이다. 왁스 에스테르 화합물로 구성되어 있기 때문에 산화에 대한 안정성이 매우 높아 오래 보존이 가능하다. 호호바 오일은 호호바의 씨를 압착하여 추출하며, 투명한 노란색을 띤다. 피부의 피지 성분과 유사해서 잘 흡수되고 피지 분비를 조절하는 효과가 있으며, 유분과 수분을 모두 증가시켜 피부 상태를 개선시키는 효과가 있어 건성, 노화 피부에 좋다. 피부를 부드럽게 하는 훌륭한 연화제이며, 항균 작용이 있어 건선, 습진, 여드름 피부 등에 염증을 완화한다. 베이스로 100% 사용 가능하고 모든 피부 타입에 사용 가능하다. 아토피, 건성, 민감성, 지성, 노화 피부에 추천된다.

4 달맞이꽃 종자 오일(evening primrose oil)

학명 *Oenothera biennis*

씨앗에서 추출하며, 연한 노란색이다. 특히 감마 리놀렌산(gamma linoleic acid, GLA)이 풍부하다. 달맞이꽃 오일은 섭취 시에 혈중 콜레스테롤 감소 및 혈압 감소, 호르몬 조절 등의 효과가 있다. 북아메리카의 인디언들은 달맞이꽃의 치유 특성을 인식하고 상처를 치유하기 위해 종자 꼬투리를 끓여서 달인 증액으로 상처를 치료하는 데 사용하였다. 달맞이꽃 오일은 상처 치유 특성과 더불어 건성, 습진, 건조한 피부와 아토피 등에 효과적이다. 가격대가 높으며 산화도 빠르다. 보통 10~30%로 희석하여 사용한다.

5 윗점 오일(wheat germ oil)

학명 *Triticum durum / Triticum aestivum*

밀의 배아(씨눈)에서 얻는 윗점 오일은 순수 냉압착법으로는 추출이 어려워 용매추출 또는 온압착법으로 추출한다. 끈적임이 강하고 특유의 향이 있으며, 불포화 지방산인 리놀레산, 올레산을 비롯하여 포화지방산인 팔미트산, 스테아르산을 함유한다. 특히, 비타민 E가 풍부하여 피부 보습 및 항산화 효과가 있다. 비타민 E는 윗점 오일의 최대 30%까지도 함유되는데, 이 비타민 E의 천연산화 방지 역할로 보존기간도 높아 보존기간이 짧은 다른 식물성 오일과 블랜딩하여 사용하기에도 좋다. 모든 피부 타입에 사용 가능하지만, 맥아 알러지가 있는 경우 사용을 피해야 한다. 강한 점도로 10% 이하로 희석하여 사용하며, 건조하고 노화된 피부에 특히 효과적이다.

6 아르간 오일(argan oil)

학명 *Argania spinosa*

모로코에서 생산되는 아르간 오일은 열매 너트 속 씨앗(kernel)으로부터 추출된다. 열매는 타원형으로 올리브보다 조금 크며 두꺼운 겉껍질을 벗기면 딱딱한 껍질에 싸여 있는 1~3개 정도의 씨앗이 들어 있다. 아르간 오일은 올레산, 리놀레산 등의 불포화 지방산과 비타민 A, E를 풍부하게 함유한다. 피부 탄력과 노화 예방에 도움을 주고 특히, 건조하고 힘없는 피부와 푸석한 모발의 관리에 효과적으로 활용된다. 저장성은 좋은 편이며, 피부에 빨리 스며들어 끈적임이 없는 가볍고 부드러운 사용감이다.

7 올리브 오일(olive oil)

학명 *Olea europaea*

올리브는 예로부터 요리, 의약품, 마사지, 화장품과 비누 등에 폭넓게 사용되어 왔으며, 그리스에서는 올리브 나무가 평화와 지혜, 승리를 상징하는 식물로 신성하게 여겨진다. 오일은 올리브 열매의 과육을 냉압착하여 추출하며 점성이 높고 특유의 향이 있으며 녹색을 띤다. 불포화 지방산인 올레산, 리놀레산과 비타민, 미네랄 등의 영양성분을 함유하고 있다. 올리브 오일의 보습 효과는 건성 피부에 추천되며 항균, 항염 작용으로 피부염증의 완화에 유용하다. 점성이 있어 피부 흡수가 느리므로 사용감이 가벼운 캐리어 오일과 함께 10~30% 정도 블렌딩 하여 사용하는 것이 좋다.

8 칼렌듈라 인퓨즈드 오일(calendula infused oil)

학명 *Calendula officinalis*

국화과의 칼렌듈라 꽃에는 카로티노이드 함량이 높아 피부 재생에 효과적이다. 카로티노이드 성분으로 인해 오일은 붉은 오렌지 빛을 띤다. 플라보노이드와 사포닌 함유로 상처 치유와 항염 작용을 한다. 베이스 오일에 칼렌듈라 꽃잎을 포함한 꽃봉오리 전체를 우려내어 만든다. 베이스 오일에 따라 100%도 사용 가능하며, 보통 10~50%로 사용하고 피부염, 아토피, 건선, 습진, 튼 살, 갈라진 피부, 정맥류, 타박상, 찰과상에 사용한다.

9 하이퍼리쿰 인퓨즈드 오일(hypericum infused oil)

학명 *Hypericum perforatum*

세인트존스 워트(St. John's Wort)라고도 불린다. 하이퍼리쿰 식물에서 오일 성분은 식물의 잎, 꽃과 줄기에 함유되어 있다. 하이퍼리쿰 인퓨즈드 오일은 밝고 붉은색을 띠며 진정, 수렴, 항염, 항통증, 불안 완화 등의 치유 효능을 가진다. 특히 가벼운 화상이나 타박상, 진물 나는 상처에 국소 사용이 추천된다. 하이퍼리쿰 오일은 AIDS 바이러스에 대해 활성이 있음이 연구된 바 있다. 광독성이 있으므로 피부에 적용 후 자외선 노출을 주의한다. 10~50%로 희석하여 사용하고 신경통, 종기, 정맥류, 바이러스성 질환, 멍, 상처 치료에 사용한다.

인퓨즈드 오일(infused oil)

영어 infuse는 '스미다, 우리다'란 뜻이다. 인퓨즈드 오일은 다양한 약용식물을 식물성 오일에 일정 기간 담가 두어 유효한 지용성 성분을 우려내는 침출유를 말한다. 인퓨즈하는 식물은 다양하며, 인퓨즈드 오일을 만드는 방법은 다음과 같다.

① 투명하고 입이 넓은 유리병을 살균 소독하여 준비한다.
② 신선한 또는 건조된 허브를 병에 넣고 식물성 베이스 오일을 채운다.
③ 뚜껑을 덮고 공기를 차단한 채 햇빛이 잘 드는 곳에 보관한다.
④ 4~8주 정도 그대로 보관하며, 하루에 한 번씩 잘 흔들어 준다.
⑤ 오일에서 식물을 걸러낸 뒤 차광병에 오일을 담는다(이때 산화방지를 위해 천연 비타민 E를 1% 정도 첨가해도 좋다).
⑥ 오일에 대한 정보를 표시한 라벨을 붙이고, 그늘지고 서늘한 곳에 보관한다. 제작 후 최대 6개월 이내에 사용한다.

[인퓨즈드 오일]

07 하이드로렛

아로마테라피에서 말하는 하이드로졸(hydrosol) 혹은 플로랄 워터(floral water)로 불리는 하이드로렛은 에센셜 오일을 증류·추출하는 과정에서 함께 생산되는 산출물이다. 프랑스에서는 하이드로렛(hydrolat)이라는 단어가 식물 재료를 통과한 응축된 증기를 설명하는 데 사용된다.

사실 하이드로렛은 에센셜 오일을 추출하는 식물에서만 얻어지는 것은 아니며, 식물 고유의 구성성분이 가지는 효능을 적용하기 위해 얻어 내는 모든 증류수를 일컫는 말이기도 하다. 하이드로졸이라는 단어도 많이 사용되지만, 이는 증류수를 언급할 때 사용되는 광범위한 일반적인 용어로 아로마테라피에서 사용되는 증류 추출 과정에서 얻어지는 액체를 설명하는 데에는 적합하지 않을 수 있다. 플로랄 워터도 많이 쓰이는 단어이지만, 엄밀히 말하면 모든 증류수가 꽃에서 나온 것이 아니기 때문에 정확한 단어가 아니다.

하이드로렛은 에센셜 오일을 섞어서 만들어지지는 않으며, 합성적으로 만들어진 것이 아니다. 거의 모든 에센셜 오일은 물에 녹거나 부분적으로 녹는 분자를 포함하며, 하이드로렛은 이들 수용성 성분을 비롯하여 일부 에센셜 오일 분자를 포함한다. 하이드로렛은 에센셜 오일만큼 강하지는 않지만, 유사한 향과 효능을 가진다.

하이드로렛의 사용은 아로마테라피에서 대중적이며, 아로마테라피의 한 부분이다. 하이드로렛은 자극이 적고, 보습, 진정, 항염증, 항균 작용이 있어 에센셜 오일의 사용이 조심스러운 어린아이나 임산부, 반려동물의 경우에도 유용하게 사용된다. 반려동물의 감염된 피부 상처를 씻을 때나 눈가 케어, 미스트 등을 만들 때에 활용도가 높다.

하이드로렛은 에센셜 오일에 거의 함유되지 않는 수용성인 산(acid) 성분이 비교적 많아 약산성을 띠며, pH 4~5 정도이다. 토너로 사용하기에도 적합하며, 크림이나 로션을 만들 때에 워터 베이스로 사용되기도 한다. 하이드로렛의 선택은 식물 본래의 기능을 중심으로 하며, 허브 우린 물이나 증류수에 에센셜 오일을 희석하여 판매하는 경우도 있으므로 구입 시 주의한다.

에센셜 오일과 마찬가지로 시원하고 어두운 곳에 보관하며, 오래되거나 변질된 하이드로렛은 사용하지 않는다. 사용기한은 에센셜 오일보다 좀 더 짧다. 유용하게 쓰이는 대표적인 하이드로렛과 그 효능은 다음과 같다.

하이드로렛	pH	특징
캐모마일	3.0~3.3	염증성, 민감성 피부에 추천되며, 피부를 효과적으로 진정시킨다. 아기에게도 안심하고 사용할 수 있는 안정적인 하이드로렛이다.
로즈마리	4.5~4.7	지친 피부의 생기 회복을 돕는다. 피부 트러블을 완화하고, 수렴작용 및 순환개선에 도움된다.
로즈	4.1~4.4	뛰어난 진정, 수렴작용으로 염증성 피부에 추천되며, 모든 피부 타입에 잘 맞다. 지친 피부를 활성화하고 수분과 영양을 공급한다.
라벤더	3.8~4.6	습진, 건선, 염증성 포함한 모든 피부 타입에 적용이 가능하다. 손상된 피부의 진정에 효과적이다.
네롤리	3.8~4.5	건성, 민감성 피부에 추천되며, 알러지를 유발하지 않는 것으로 알려진다. 피부 자극을 진정시키며, 보습과 노화 피부에 추천된다.
티트리	3.9~4.1	지성, 여드름을 포함한 트러블 피부에 추천된다. 항균, 항바이러스, 항진균 작용이 뛰어나며, 피부균형을 유지한다.

08 아로마테라피 적용 방법

아로마테라피의 기본 메커니즘을 크게 나누어 설명하면 첫째는 후각 신경계를 통한 심리적 및 정신생리학적 영향이며, 둘째는 호흡과 피부를 통해 체내로 유입되는 에센셜 오일의 직접적인 약리학적 효과이다. 심리적인 치유를 목적으로 한다면 직접 흡입 또는 공기 중 확산을 통한 후각 자극이 우선적인 선택이 될 것이며, 생리학적인 치료를 목적으로 한다면 적합한 제형을 활용한 에센셜 오일의 물리적 흡수 적용을 고려할 것이다.

에센셜 오일의 적용은 아주 다양한 방법으로 사용할 수 있다. 중요한 것은 우리가 반려견에 아로마테라피를 적용할 때 그 목적은 직접적인 치료가 아닌, 몸과 마음의 건강함을 스스로 회복할 수 있도록 돕는 것에 있음을 기억한다. 에센셜 오일을 선택하고 증상과 부위에 따른 적절한 적용 방법과 제형의 선택은 아로마테라피 계획을 세우는 첫 번째 단계이다. 아로마테라피의 기본이 되는 적용 방법은 다음과 같다.

1 흡입

에센셜 오일의 흡입(inhalation)에는 명백한 후각적 즐거움이 있다. 불쾌한 향기가 천연 아로마 향으로 교체될 수 있으며, 감각을 자극시킨다. 에센셜 오일은 공기를 통한 항균 특성을 가지며, 감염되지 않도록 하여 공기가 비록 병균에 감염되어 있더라도 정화시킬 수 있다.

휘발성 분자인 에센셜 오일의 흡입은 후각 시스템과 호흡 시스템이라는 두 가지 독특한 경로를 통해 효과를 생성한다. 오일을 가볍고 짧게 흡입하는 경우 후각 작용으로 즉각적인 심리적 효과를 내는 반면, 깊고 길게 흡입하는 경우 오일은 액체 상태로 호흡계에 흡수되어 신체 내부 환경에 생리적 효과를 유발한다. 물론, 후각과 흡수가 교차하는 호흡주기는 정신과 신체에 이중 영향을 미친다. 따라서 어떠한 효과를 기대하는지에 따라 가벼운 흡입과 깊은 흡입을 구분할 필요가 있다. 각 에센셜 오일의 특성을 이해하는 것 역시 중요한데, 예를 들면 레몬그래스나 메이창과 같이 알데하이드가 풍부한 오일은 가벼운 흡입 시에 활력과 신선한 자극을 주지만, 깊은 흡입 시에는 진정시켜 준다.

(1) 직접 흡입

특정적인 정신, 감정 효과를 빠르게 기대할 때에 가장 적합한 방법이다. 에센셜 오일 원액 1~2방울을 화장솜이나 손수건에 뿌려서 코 주변에서 짧은 시간 규칙적으로 흡입하는 것은 어디서든 손쉽게 적용할 수 있는 방법이다. 화장솜에 뿌린 에센셜 오일의 향을 반려견에 맡게 해줄 수 있다. 반려견이 특정 오일의 향에 대한 경험을 기억한다면, 다음번 시도는 더욱 빠르게 반응을 나타낼 수 있다.

(2) 증기 흡입

사람의 경우 증기 흡입의 전통적인 방법으로, 가정에서 쉽게 세면기나 대야에 뜨거운 물을 담고 2~3방울의 오일을 떨어뜨린 후 머리 위에 두꺼운 수건을 덮어 증기가 빠져나가지 않도록 하여 수분 동안 증기를 부드럽게 호흡할 수 있다. 간단하게는 머그컵에 뜨거운 물을 담고 에센셜 오일 1~2방울 떨어뜨리는 것만으로도 방향욕을 충분히 즐길 수 있다. 하지만, 반려동물의 경우 위와 같은 증기 흡입 방법은 적용하기가 쉽지 않다. 대안으로 따뜻한 물에 적신 수건에 에센셜 오일을 1~2방울 떨어뜨려 반려견의 코 가까이에 가져가 호흡할 수 있도록 도울 수 있다. 반려견이 거부하지 않고 잘 호흡한다면 이 방법으로 에센셜 오일의 생리학적 흡수가 가능하며, 특히 호흡계와 관련된 문제에 효과적으로 작용한다. 천식이 있는 반려견에는 추천하지 않는다.

오일버너(아로마 포트)는 아로마 향을 즐길 수 있는 전통적인 방법이다. 작은 세라믹이나 유리 그릇에 물이나 식물성 오일과 함께 담긴 몇 방울의 에센셜 오일이 양초 또는 전기코일로 아래에서 가열하는 열에 의해 빠르게 증발하며 향이 확산된다. 오일버너는 세척이 용이하여 위생적으로 관리하기 쉽다. 물이나 식물성 오일이 끓지 않을 정도로 유지하며, 빈 그릇을 가열하지 않도록 한다. 반려견과 함께 아로마테라피를 즐길 수 있는 오일버너는 따뜻하고 명상적인 분위기 조성에 이상적이며, 미적·심리적 효과를 발휘하지만 실내 공간을 소독하고 감염의 확산을 막기에는 다소 약하다.

초음파 디퓨저는 오일과 함께 수면을 진동시켜 무소음으로 향기로운 이온화 미스트를 생성한다. 오일버너와 마찬가지로 공간 속 전체 공기를 에센셜 오일의 완전한 향기 구성 성분으로 채울 수 없기 때문에 소독이나 감염의 확산 방지로는 다소 약하지만, 향기뿐만 아니라 주변 공간의 가습효과까지 기대할 수 있는 이점이 있다.

[오일버너]   [초음파 디퓨저]

공기 확산을 통한 증기 흡입은 반려동물은 물론 온 가족이 함께 즐길 수 있는 쉬운 적용 방법이다. 피로와 스트레스, 두통, 호흡계 질환, 살균, 공기 정화의 목적으로 다양하게 사용할 수 있다. 다만, 반려동물과 함께 생활하는 집에서는 화재, 전기사고 및 반려동물이 에센셜 오일을 핥을 위험이 있으므로 반드시 반려동물이 장난칠 수 없는 안전한 곳에 고려하여 배치하도록 한다. 또한 농도에 충분히 주의하고 환기에도 신경을 쓴다.

2 피부를 통한 흡수

피부는 에센셜 오일을 유지하고 흡수하는 훌륭한 능력을 가진 주요 관문으로, 국소 및 전신의 다양한 내부 생리학적 효과를 제공한다. 피부 표면의 조건 및 신진대사 상태 등으로 인해 에센셜 오일 흡수의 속도 및 양은 달라진다. 피부를 통한 에센셜 오일의 흡수는 적용하기 쉽고 실용적이지만, 신중하게 선택하도록 한다. 국부적 또는 전신에의 적용 여부를 명확하게 결정하고, 그에 따른 최상의 피부 전달 방법을 결정하도록 한다. 마사지와 스파 외에도 에센셜 오일의 약리적인 특성을 이용한 귀 세정제, 해충 방지 스프레이, 패드밤, 샴푸 등 반려견이 아로마테라피를 즐길 수 있는 방법은 얼마든지 있다.

(1) 바스(bath)

반려동물의 피부에 도입하는 적극적인 방법으로 아로마 입욕은 매우 좋은 방법이 될 수 있다. 입욕은 피부와 호흡기라는 두 가지 경로를 통해 에센셜 오일을 흡수하고, 그 향을 흡입할 수 있는 효과적인 방법이다. 따뜻한 물로 몸 표면에 순환을 일으키고 모공을 열어 피부를 통한 흡수를 촉진하며, 증기를 통해 오일의 향이 흡입된다. 에센셜 오일을 적용하고 싶으나 마사지를 할 수 없는 경우나 식물성 오일의 느낌이 개의 피모에 남는 것을 원치 않는 경우 등에 훌륭한 대안이 될 수 있어 유용하게 활용된다. 마사지나 바스 적용으로 인한 향의 간접 흡입은 직접 흡입의 경우보다 덜 강력하지만, 더 부드러운 효과를 기대할 수 있다. 바스 적용을 위한 에센셜 오일의 선택은 후각 및 신체 내부의 생리적 효과를 모두 고려하여 선택한다. 6개월 미만의 어린 강아지에는 아로마 바스를 적용하지 않도록 한다. 바스를 적용하여 다음과 같은 장점을 기대할 수 있다.

① 혈액과 림프의 순환 증가
② 근육이상, 통증과 염증 감소
③ 대사 노폐물의 제거
④ 긴장과 불안 감소
⑤ 신경 안정

[펫아로마 스파]

바스를 적용할 때 가장 주의해야 할 것은, 에센셜 오일은 물과 잘 섞이지 않기 때문에 분산제를 사용하여 오일을 물속에 적절하게 확산시키는 것이다. 그렇지 않으면 물과 섞이지 않은 에센셜 오일 원액으로부터 피부가 자극을 받게 된다. 개의 피부는 사람의 피부보다 더 얇고 예민하기 때문에 이 부분을 충분히 고려하도록 한다. 분산이 잘 안되었거나 분산을 했어도 피부를 자극하는 성분이 함유된 에센셜 오일(시트러스류 또는 스파이시한 오일)을 바스에 사용하는 경우 피부에 자극이 생기기도 한다. 피부가 자극을 받았을 경우에는 즉시 향이 없는 순한 비누 또는 샴푸로 자극 받은 부위를 씻어낸 후 식물성 오일을 발라서 진정시킨다.

식물성 오일에서 추출한 가용화제를 사용하여 분산하면 피부에 보습 및 컨디셔닝 효과도 있으며 안전하다. 중조나 구연산, 소금 등을 활용해 천연 입욕제를 만들어 사용할 수도 있다. 그 외 주변에서 쉽게 구할 수 있는 분산제로는 우유나 식초, 그리고 와인 등이 있다.

(2) 습포(compress)

에센셜 오일을 이용하여 통증, 부종, 감염을 완화시키는 데 효과적인 방법이다. 방법은 간단하다. 먼저 물에 에센셜 오일을 떨어뜨리고 가볍게 휘저은 다음 깨끗한 거즈나 수건 등으로 오일을 감싸 가볍게 물을 짜낸 후 해당 부위를 감싼다. 비닐 등으로 랩핑하고 마른 수건으로 한 번 더 감싼다.

① 온습포는 근육통과 관절염의 통증 등에 효과적이다. 온습포는 체온에 의해 차가워지면 가능한 한 빨리 교체한다.
② 냉습포는 삠, 부어오름, 열, 스트레스 등에 효과적이다. 너무 넓은 부위에 사용하여 몸의 온도가 급격히 떨어지지 않도록 한다.
③ 온·냉습포를 번갈아 하는 것은 당긴 근육이나 인대가 늘어나거나 멍든 경우 빠른 회복에 도움이 된다.

(3) 마사지(massage)

마사지는 아로마테라피를 적용하는 중요한 기법 중 하나이다. 마사지는 인류의 역사 속에서도 생활에서 중요한 부분을 차지했으며, 가장 오래된 치료법 중의 하나이다. 마사지라는 단어는 '터치하고 느끼다'라는 의미의 아라비아어 마사(masah)에서 유래되었다. 아로마테라피에서 마사지는 특정한 부위에 특정한 효과만을 내는 것이 아니라, 신체와 정신이라는 온몸에 힐링을 가져다주는 훌륭한 적용 방법이다. 사람의 경우 아로마테라피 마사지는 에센셜 오일을 식물성 오일에 블렌딩하여 피부에 적용하는 방법으로 즉각적인 효과를 기대할 수 있다. 피모가 있는 개에게 마사지 오일을 침투시키는 것은 어려운 일이지만 피모에 묻은 에센셜 오일의 향으로, 또 마사지 시 접촉의 효과로도 우리는 여전히 긍정적인 결과를 기대할 수 있다.

(4) 다른 국소 도포법

국소적인 상태를 개선하기 위해 다양한 제형을 활용한 에센셜 오일의 적용이 가능하다. 연고, 크림, 밤, 겔, 스프레이 등 상황에 따라 활용법은 많으며, 국소 도포법은 해당 부위에 에센셜 오일 효과를 지속해 주며, 상처 방어와 치유를 돕는다는 장점이 있다. 국소 도포는 전신 적용 시보다 구체적인 에센셜 오일의 선택이 가능하며, 적절한 제형의 도입으로 해당 부위에 최적의 효과를 기대한다.

09 에센셜 오일의 안전한 사용

　에센셜 오일은 고도로 농축되어 있고, 휘발성이 강하며, 복잡한 화학 성분으로 구성되어 있기 때문에 항상 주의해서 사용한다. 에센셜 오일은 인간과 반려동물에게 아주 좋은 효과를 가져다 주지만, 천연이라는 뜻이 곧 안전하다는 뜻은 아니다. 한 방울의 농축된 에센셜 오일이 줄 수 있는 치유 효과는 바꾸어 말하면 그만큼 큰 자극이 될 수도 있다. 각 에센셜 오일의 효능에 대한 이해로 적절하게 사용할 수 있도록 한다.

1 원액으로 사용하지 않는다.

　마사지의 경우에는 식물성 오일에 희석해서 사용하며, 목욕물에 적용할 때에는 분산제를 사용해야 한다. 물에 에센셜 오일을 넣고 휘저어도 에센셜 오일 분자들은 물에 희석되지 않고 그대로 남아 있어 피부에 자극이 될 수 있다. 사람의 경우 라벤더나 티트리 오일은 경우에 따라 피부에 부분적으로 원액을 적용할 수 있으나, 개의 경우에는 매우 신중해야 한다.

2 에센셜 오일을 복용하지 않는다.

　국제아로마테라피협회 IFA(The International Federation of Aromatherapists)에서는 에센셜 오일을 복용하는 것을 금하고 있다. 고도로 농축된 에센셜 오일을 복용했을 때 신체 내부 기관에 심각하고 치명적인 영향을 줄 수 있으므로, 반려견이 장난치거나 실수로 먹지 않도록 주의한다. 반려동물이 에센셜 오일을 일부 섭취한 경우에는 구토나 설사를 할 수 있으며, 많은 양을 섭취 시 사망에까지 이를 수 있다. LD50(Lethal Dose 50)은 한 무리의 실험동물 50%를 사망시키는 독성물질의 양으로, 동물 체중 1kg에 대한 독물량을 g으로 나타낸다. 동물의 종류나 독물 경로에 의해 치사량은 다르게 된다. 같은 동물이라도 나이, 건강 상태에 따라 차이가 있지만, 일반적인 확률을 보여 준다. 다음은 에센셜 오일 치사량의 예이다.

에센셜 오일	LD50 g/kg 동물	LD 15kg 어린이	LD 70kg 성인
바질	1.4	23	109
티트리	1.9	32	148
유칼립투스	4.44	74	345
라벤더트루	5	83	389
주니퍼베리	8	133	622

3 아로마테라피용 에센셜 오일을 사용한다.

전 세계적으로 식물에서 추출되는 향기 물질 중에서 아로마테라피에 사용하기 위해 생산되는 에센셜 오일은 오직 2~5%뿐이다. 아로마테라피에 사용되는 에센셜 오일은 '순수한' 최상 품질이어야 한다. 에센셜 오일을 생산하는 것은 결코 쉽지 않으며, 많은 양의 식물 물질과 노동력을 필요로 하기에 순수한 최상 품질의 에센셜 오일은 고가일 수밖에 없다. 많은 경우에 섞음질(adulteration)되어 유통되기도 하는데 아로마테라피에서는 섞음질된 오일을 절대 사용하지 않으며, 이를 분별할 수 있는 것은 매우 중요하다. 상한 오일을 사용하지 않도록 주의한다.

4 같은 종류의 오일을 장기간 사용하지 않는다.

같은 종류의 오일을 오랜 기간 사용할 경우 내성이나 만성 독성의 원인이 될 수 있으므로 기간을 정해 두고 계획하여 사용한다. 특히, 독성이나 만성 독성의 위험이 있는 오일들은 짧은 기간 주의해서 사용한다.

5 피부가 붉어지거나 자극이 생겼을 때에는 사용을 중단한다.

자극적 오일이나 민감성 오일을 사용할 경우에는 약하게 희석해서 사용한다. 자극적으로 간주되지 않는 오일이라 하더라도 민감한 피부에서는 때때로 자극을 일으킬 수 있다. 민감성 피부는 외부의 자극성 물질이나 환경 변화, 알레르기성 물질 또는 신체 내부의 원인에 대해 더 민감하게 반응하여 피부염을 잘 일으킨다. 잠재적 알레르기 물질에 대해 어떤 개는 민감하지만, 어떤 개는 그렇지 않기 때문에 민감성은 예측 불가능한 것으로 간주된다. 피부 민감성으로 알려진 에센셜 오일들이 있으며, 어떤 에센셜 오일이라도 알레르기 반응을 일으켰다면 해당 오일의 사용을 즉시 중단하도록 한다. 생식기 주위와 점막 등은 자극에 민감하므로 에센셜 오일이 직접 닿지 않도록 특히 주의한다.

6 에센셜 오일이 눈에 들어가지 않도록 주의한다.

에센셜 오일이 눈에 들어갔을 때에는 물이나 식염수로 충분히 씻어내고, 라벨이 붙어 있는 에센셜 오일병을 들고 즉시 병원으로 간다. 특히, 스프레이 형태의 제품을 분사할 때에는 반려견의 얼굴을 향해 뿌리면 눈과 코에 직접적인 자극이 되므로 주의한다.

7 광독성(phototoxic) 오일은 자외선 노출을 고려하여 사용한다.

일부 에센셜 오일 성분들은 피부에 비해 더 많은 자외선 흡수를 할 수 있다. 이런 오일들은 피부에 적용하는 그 자체로 광과민성 피부 반응을 일으키는 것은 아니며, 오일을 바른 채로 일광이나 자외선에 노출될 경우 피부에 염증, 색소침착, 화상, 발적 등의 피부 과민화가 생길 수 있다. 개는 피모가 피부를 덮고 있어 광독성의 위험에서 조금은 더 자유로울 수 있지만, 여전히 주의를 필요로 한다. 특히 헤어리스(hairless) 차이니즈크레스티드 종처럼 몸에 털이 없는 견종이나 스트리핑(stripping, 테리어 종 특유의 털을 뽑는 특별한 손질)한 지 얼마 안 되는 테리어 종, 기계로 짧게 미용하여 피부가 드러난 개는 반드시 주의한다.

에센셜 오일에서 발견되는 가장 일반적인 광독성 성분은 푸로쿠마린(furocoumarin)이다. 푸로쿠마린은 다양한 식물에 의해 생산되는 유기화합물의 부류로 산형과(apiaceae), 운향과(rutaceae) 계통에 푸로쿠마린을 포함한 식물 종의 수가 가장 많다. 증류하지 않고 압착법으로 얻는 시트러스 오일들은 푸로쿠마린을 함유하는 주요 광독성 오일군이다. 버가못을 포함한 시트러스 오일들은 버갑텐(bergapten) 또는 5-MOP(5-methoxypsoralen)로 알려진 푸로쿠마린을 소량 함유하고 있다. 광독성을 일으킬 수 있는 에센셜 오일은 1% 이하로 블랜딩해서 사용하는 것을 추천하며, 적용한 후 12시간은 일광 노출을 하지 않도록 한다.

광독성 에센셜 오일의 예

광독성 에센셜 오일	버가못 > 라임 > 비터오렌지
약한 광독성 에센셜 오일	레몬 > 그레이프프룻 > 오렌지 스위트, 탠저린 > 만다린

8 희석율과 용량에 주의한다.

모든 동물과 마찬가지로 개가 인간보다 에센셜 오일에 더 민감하다는 것은 의심의 여지가 없다. 인간과 개는 생리학적 유사점을 공유하지만, 개가 훨씬 더 강력하고 정확한 냄새 감각을 가지고 있기에 강도 조절이 반드시 필요하다. 또한 대부분의 반려견은 인간보다 크기가 훨씬 작다. 개를 위해 블렌딩 할 때는 이점을 반드시 고려한다. 2kg의 치와와, 40kg의 골든 리트리버, 그리고 60kg의 인간은 모두 다른 희석과 용량의 에센셜 오일을 적용한다.

희석과 용량은 별개의 개념이다. 희석이란 제형에 존재하는 에센셜 오일의 양을 의미한다. 용량은 동물에 사용되는 최종 결과물의 양을 말하며, 보통 '방울' 또는 '분무'로 표현된다. 샴푸나 그루밍 제품의 경우 큰 개보다 작은 개를 손질하는 데 제품이 덜 필요하다는 사실과 같은 기본적인 개념이다. 반려견을 위해 에센셜 오일을 희석할 경우 0.25~0.5% 정도로 사용하며, 최대 1% 이내로 한다. 국소 적용의 경우 치료 계획에 따라 1~3% 정도의 희석율을 적용할 수 있다. 많은 양의 에센셜 오일이 더 나은 결과를 가져오지 않는다는 것을 항상 기억한다. 중요한 안전 문제는 양이며, 에센셜 오일의 통제된 사용은 가장 중요하다.

9 어린 개, 노령견, 민감한 개에는 권장 농도의 절반 이하로 희석한다.

6개월 미만의 강아지에는 에센셜 오일의 사용을 권장하지 않으며, 8세 이상의 노령견에는 신체의 상태를 더욱 주의 깊게 체크하도록 하여 에센셜 오일을 사용할 경우 희석률을 절반 이하로 줄인다.

10 임신한 개에는 아로마테라피를 가급적 자제한다.

임신한 개에는 꼭 필요하다고 판단되는 경우에만 매우 신중하게 적용한다. 어떤 에센셜 오일 성분은 호르몬 유사 활성을 나타내 정상적이고 섬세한 호르몬 균형을 깨뜨릴 수 있다. 이러한 오일은 임신 기간 중에 사용을 피하는 것이 좋다.

11 개를 이해한다.

반려동물에 아로마테라피를 적용하기 전에 병력을 알아야 하며, 개체별 성향과 심리 상태를 파악할 수 있는 것은 매우 중요하다. 증상에 따라 에센셜 오일을 선택했다면 먼저 반려견에 가볍게 향을 맡을 수 있게 한다. 개가 코를 멀리하거나 공간에서 벗어나려고 한다면 대체할 수 있는 다른 오일을 고려한다. 향을 더 맡으려고 다가오거나 오일을 핥으려는 행동 등을 보인다면 사용하여도 좋다.

12 위험성이 높은 에센셜 오일을 사용하지 않는다.

식물에서 추출되는 모든 에센셜 오일이 아로마테라피에 사용되지는 않는다. 일부 오일은 유해한 영향으로 인해 아로마테라피에 거의 또는 절대 사용되지 않는다. 위험 오일로 분류된 오일들은 그 성분이 주로 독성을 띠거나 발암성, 피부 자극, 낙태 등의 원인으로 아로마테라피에 절대 사용을 금지하고 있다. 이러한 에센셜 오일들은 주로 특정 성분을 활용한 치료제 또 향료 등으로 사용된다.

13 에센셜 오일의 보관에 주의를 기울인다.

에센셜 오일의 본질 유지와 안전한 아로마테라피 적용을 위해 다음 사항들을 유의한다.

① 시원하고 건조하거나 어두운 곳에 보관하고 열과 빛으로부터 멀리한다.
② 산화가 되지 않도록 오일의 양에 맞는 작은 용기에 담아 보관한다.
③ 차광 유리 용기를 사용한다. 산화되기 쉬운 용기에 담아 두지 않는다.
④ 뚜껑을 잘 닫고 어린이나 반려견이 장난칠 수 없는 곳에 둔다.
⑤ 사용기한을 지킨다. 오래되거나 변질된 오일은 사용하지 않는다.

 자외선 차단이 되고 진동이 적으며 적절온도 설정이 가능한 와인 냉장고는 에센셜 오일 보관에 매우 용이하다.

[에센셜 오일 보관]

10 에센셜 오일 블렌딩

　에센셜 오일의 치료적 특성을 증명하는 임상 연구와 과학적 증거는 많이 나와 있으며, 또한 수없이 부족하다. 에센셜 오일을 구성하는 성분들 중에는 약리학적 효능이 밝혀진 성분들이 있고, 그 효능이 알려지지 않은 수많은 화학적 성분들도 함께 헤아릴 수 없는 배열로 구성되어 화학적 복잡성을 가진다. 각각의 에센셜 오일은 해당 식물만의 독특한 성분의 조합을 가지고 있다. 에센셜 오일 내에서 서로 다른 각 성분들 간의 결합작용은 단일 성분의 효과보다 크며 자체적인 시너지 효과를 갖는다. 에센셜 오일이 다양한 치료적 특성을 가지지만, 다음의 이유들로 약물과는 다르다.

① 에센셜 오일은 규정할 수 있는 단일 성분으로 구성되지 않는다.
② 다른 에센셜 오일과의 블렌딩을 통한 시너지 효과가 있다.
③ 한 가지 증상에만 작용하는 것이 아닌 다면적인 작용을 한다.
④ 즉각적인 반응보다는 미묘하고 순한 활성을 가진다.
⑤ 부작용이 적다.

　아로마테라피스트로서 잊지 말아야 할 것은 에센셜 오일이 가진 치료적 특성에만 집중하여 증상에 대한 '처방'을 목적으로 하지 않는다는 것이다. 홀리스틱 케어를 위한 아로마테라피에 있어서 우리는 대상의 신체와 감정을 동시에 고려하며, 더욱 건강한 몸과 마음과 영혼을 유지하도록 돕는 조력자의 역할을 한다.

1 블렌딩의 의미

　블렌딩(blending)의 사전적 의미는 '섞다, 혼합하다'이다. 에센셜 오일 블렌딩은 특성이 다른 2가지 이상의 오일을 혼합하여 새로운 향, 복합적인 테라피 효과를 추구하는 것을 말한다. 증상과 상황에 따라서 우리는 단일 에센셜 오일을 선택하기도 하고, 몇 가지 오일을 혼합하여 사용하기도 한다. 에센셜 오일의 선택과 사용 양의 조합에 따라 끝없이 다양한 결과물이 만들어진다. 아로마테라피에서 블렌딩은 에센셜 오일의 블렌딩을 포함하여 다른 식물성 오일의 블렌딩, 식물성 오일과 에센셜 오일의 블렌딩, 하이드로렛과 에센셜 오일의 블렌딩 등을 모두 포함한다.

[오일 블렌딩]

2 블렌딩의 목적

에센셜 오일을 블렌딩하는 목적은 크게 다음과 같다.

첫째, 잠재적 부작용을 최소화하며 더 나은 효능을 추구하기 위함이다. 아로마테라피는 한 가지 신체 증상에만 치중하는 것이 아닌 신체 전체의 회복을 목표로 하기 때문에 블렌딩의 의도와 목적은 더욱 확실해진다.

둘째, 에센셜 오일의 블렌딩으로 우리는 전혀 새로운 향을 창조해 내게 된다. 향을 통한 심리적인 치유 역시 아로마테라피의 중요한 부분이기에 향의 미묘하고 섬세한 부분까지 고려하는 블렌딩을 목표로 한다.

즉, 우리는 첫 번째로 증상을 개선할 수 있는 관점에서 오일을 선택하고, 그 효과를 상승시킬 수 있는 오일들을 블렌딩하는 동시에 균형 있고 아름다운 향으로 완성하는 것이다.

결합했을 때의 성분이 개별 성분의 어떤 것보다 더 큰 효과를 갖는 것을 시너지라 부른다. 아로마테라피에서의 시너지 효과는 에센셜 오일을 블렌딩했을 때 나타난다. 예를 들어, 라벤더 오일은 다른 오일과 블렌딩했을 때 활성이 증가한다. 다른 오일의 혼합은 때때로 단순히 혼합한 것 이상의 의외의 효과를 내어 완전히 새롭게 만든다. 블렌딩은 효과를 높이는 강력한 시너지를 만드는 데 매우 중요한 부분이며, 다시 말하면 시너지를 만드는 것이 블렌딩의 가장 큰 목표이기도 하다. 좋은 시너지를 만들어 내기 위해서는 에센셜 오일에 대한 깊은 이해는 물론, 많은 경험과 직관이 필요하다. 드러난 증세만을 고려할 것이 아니라 생리학적·정신적 요인을 함께 파악하여 반려견의 상태에 맞는 블렌딩을 찾는 것이 중요하므로 충분한 상담이 우선되어야 할 것이다. 전체론적인 관점에서 바라보아 드러난 주요 증상은 물론, 몸의 전체 균형을 회복시킴과 동시에 정신적인 측면도 고려한다.

서로 다른 오일을 블렌딩했을 때에 성분의 변화는 효과의 상승(synergy)뿐만 아니라, 자극을 중화(neutralization)시키며, 어떤 성분을 다른 성분으로 억제하는 퀜칭(quenching) 효과가 있다. 에센셜 오일에서의 퀜칭(quenching) 효과란 한 구성 요소의 잠재적 부작용이 다른 구성 요소의 존재에 의해 무효화되는 것을 말한다. 예를 들면, 레몬그래스 오일 사용 시 시트랄(citral)의 자극적 성질을 감소시키기 위해 리모넨(limonene)이 풍부한 오렌지 스위트나 레몬 오일을 50 : 50으로 블렌딩하여 적용하는 것이다. 퀜칭 효과는 부작용의 심각성을 현저히 감소시킬 수 있다.

3 향기 블렌딩

에센셜 오일 블렌딩의 큰 즐거움 중 하나는 전혀 색다르게 만들어지는 균형 있고 아름다운 기분 좋은 향에 있을 것이다. 균형 있는 향 블렌딩을 위해 탑, 미들, 베이스 노트라는 전통적인 향수업계의 구조를 참고한다. 조화로운 향을 위해 탑 4 : 미들 4 : 베이스 2 정도의 혼합을 추천한다. 증발하는 동안 향의 변화가 잘 감지되지 않으며, 향이 따로따로 나지 않는 것을 조화가 잘된 블렌딩으로 여긴다. 아로마테라피의 블렌딩에 있어 향 노트의 비율을 참고하는 것은 좋은 가이드라인이 되지만 반드시 따라야 하는 원칙은 아니며, 향수업계에서 의미하는 것처럼 강조되어야 할 부분은 아니다. 어떤 노트가 우세한지에 따라 분류할 수 있지만 모든 에센셜 오일은 다중 성분으로 구성되기에 어느 정도 모든 향 노트를 포함한다는 것을 기억한다. 향 노트의 구분은 에센셜 오일의 휘발성에 의해 분류되며 다음과 같다.

(1) 탑노트(top note)

향을 맡을 때 처음으로 느끼는 가볍고 밝고 깨끗한 느낌이다. 일반적으로 상쾌하며, 기분을 고양시킨다. 대부분의 시트러스 오일과 허브가 탑노트로 사용된다. 버가못, 레몬, 페퍼민트, 티트리, 유칼립투스 등이 탑노트에 속한다. 가장 빠른 휘발성과 가장 짧은 지속성을 지닌다.

(2) 미들 노트(middle note)

핵심이 되는 향으로 하트 노트(heart note)라고도 한다. 미들 노트는 탑노트보다 좀 더 오래 지속되고 블렌드에 따뜻함과 풍부함을 부여한다. 허브나 잎, 꽃을 증류해서 얻으며, 라벤더, 제라늄, 마조람 등이 미들 노트에 속한다.

(3) 베이스 노트(base note)

블렌딩 전체에 깊이 반향되는 무거운 향이며, 가장 낮은 휘발성으로 가장 오래 남는다. 탑과 미들 노트의 휘발성을 감소시켜 전체 블렌드 향의 지속성을 증가시키는 보류제, 고착제의 역할도 한다. 패츌리, 베티버, 샌달우드 등이 베이스 노트에 속하며, 기분을 진정시키고 편하게 만드는 효과가 있다.

4 에센셜 오일의 선택과 블렌딩 접근

적합한 에센셜 오일을 선택하고 적용 방법을 정하는 데 있어 다음과 같은 사항들이 고려된다.

(1) 상담

반려견의 성향과 주변 환경, 건강 상태, 질병, 복용 중인 약, 특이사항 등을 고려하여 충분히 상담한다. 이는 전반적인 아로마테라피 계획을 세우기 위해 필요한 정보이다. 보호자와의 충분한 상담을 통해 위 사항들을 모두 고려하며, 충분한 시간을 두고 반려견의 건강 상태 및 성향을 아로마테라피스트가 확인하는 것을 추천한다.

(2) 계획

반려견의 상태에 대해 총체적인 이해를 기반으로 아로마테라피의 목적을 정하고 계획을 세운다. 특정 질환이 있는 경우 또는 질환에 대한 개선이 목적이라면 해당 질환에 대한 테라피스트의 임상 경험과 기본적인 병리학 지식이 반드시 필요하다.

현재 문제에 대한 아로마테라피 적용 방법을 즉각적·장기적으로 구상하며, 문제를 보완할 수 있는 다른 방법들(예를 들어, 산책이나 식단, 주변환경 스트레스 요인의 제거 등)에 대해 조언함으로써 더 나은 결과를 도모하며, 보호자가 알고 있는 정보의 양을 늘릴 수 있도록 돕는다. 지속적인 아로마테라피 적용이 가능한지 여부를 확인하며, 스케줄에 따른 계획을 세운다. 보호자에게 아로마테라피 적용 방법과 계획에 대해 충분히 설명한다.

(3) 에센셜 오일의 선택과 적용

아로마테라피 적용에 있어서 가장 중요한 우선순위를 결정하고 반려견의 신체 상태를 비롯한 심리, 정신적인 측면을 모두 고려하여 목적에 맞는 에센셜 오일을 선택한다. 단일 오일을 선택할 수도 있고, 몇 가지 에센셜 오일을 블렌딩 할 수도 있다. 아로마테라피에서 정해진 공식은 없으며, 같은 증상이나 같은 오일이라도 받아들이는 사람 또는 동물에 따라 그 효과는 매우 다를 수 있다. 원인을 파악하는 것은 언제나 중요하며, 적용 대상이 선호하는 향인지는 효과에 큰 영향을 끼친다. 증상에 따른 오일을 선택했다면 우선 반려견에게 향을 맡을 수 있도록 해 준다. 향을 피하거나 거부하는 반응을 보인다면 무리하여 적용하지 않도록 하고 유사한 효능의 대체할 수 있는 오일 선택을 고려한다.

(4) 정보 제공

보호자가 어디서든 반려견에 아로마를 활용할 수 있도록 권장하고 또 정보를 제공한다.

아로마테라피 적용 후에는 경과에 따라 이후의 계획을 세우며, 필요한 경우 다른 에센셜 오일을 선택한다.

반려견 아로마테라피 상담차트

Date :

보호자 정보

| 이름 : | 연락처 : | 주소 : |

반려견 정보

| 이름 : | 성별 : | 나이 : |
| 견종 : | 코트 색상 : | 특이 사항 : |

건강 상태 :

상담 내용

에센셜 오일

| top : | middle : | base : |

적용방법 :

결과 및 의견

고객 피드백

홈케어

5 증상별 에센셜 오일

에센셜 오일은 순환계, 호흡계, 근골격계, 생식계, 외피계, 신경계와 소화계의 많은 증상에 효과적으로 작용한다. 증상별 적용할 수 있는 오일의 예는 다음과 같다.

증상	에센셜 오일
진정	라벤더, 클라리세이지, 버가못, 일랑일랑, 로만 캐모마일, 저먼 캐모마일, 네롤리, 제라늄, 오렌지 스위트
불안	버가못, 사이프러스, 라벤더, 오렌지 스위트, 패츌리, 마조람 스위트, 자스민, 네롤리, 로즈, 일랑일랑, 시더우드, 프랑킨센스
우울	버가못, 클라리세이지, 페티그레인, 라벤더, 팔마로사, 레몬, 만다린, 오렌지 스위트, 제라늄, 일랑일랑, 로만 캐모마일, 자스민, 샌달우드
불면	버가못, 로만 캐모마일, 오렌지 스위트, 라벤더, 마조람 스위트, 페티그레인, 네롤리, 샌달우드
부종	주니퍼베리, 사이프러스, 시더우드 아틀라스, 그레이프프룻, 오렌지 스위트, 레몬, 로즈마리, 캐롯씨드
관절염	주니퍼베리, 라벤더, 저먼 캐모마일, 유칼립투스, 파인, 로즈마리, 마조람 스위트, 진저, 레몬
경련	로만 캐모마일, 저먼 캐모마일, 클라리세이지, 라벤더, 사이프러스, 마조람 스위트, 일랑일랑, 로즈, 네롤리, 바질
호흡기질환	유칼립투스, 티트리, 레몬, 사이프러스, 파인, 에버라스팅, 진저, 시더우드 아틀라스, 샌달우드, 프랑킨센스, 미르
피부염	버가못, 시더우드 아틀라스, 로만 캐모마일, 저먼 캐모마일, 라벤더, 주니퍼베리, 패츌리, 일랑일랑, 미르, 에버라스팅, 샌달우드
상처치료	라벤더, 티트리, 로만 캐모마일, 저먼 캐모마일, 에버라스팅, 제라늄, 버가못, 프랑킨센스, 미르
소화불량	오렌지 스위트, 페퍼민트, 진저, 마조람 스위트, 로만 캐모마일, 저먼 캐모마일, 그레이프프룻, 버가못, 네롤리, 팔마로사, 페티그레인, 레몬그래스, 미르
설사	로만 캐모마일, 저먼 캐모마일, 진저, 사이프러스, 페퍼민트, 유칼립투스, 네롤리, 만다린, 오렌지 스위트, 미르

PART II

반려견 이해

01 후각

1 후각 작용(olfaction)

후각을 정의하면, 특정 물질에서 확산되어 나온 분자가 콧속의 후세포를 자극하여 감지하게 되는 감각이다. 시각, 미각, 촉각, 청각 등의 다른 감각들은 간뇌의 시상 부분을 거쳐 대뇌로 전달되는 것과 달리, 후각은 시상을 거치지 않아 자극을 가장 빠르고 강하게 뇌로 전달한다. 그만큼 가장 빠르게 지치는 신경이기도 하다. 후각 작용은 다른 냄새를 감지하고 독특한 전기 신호 패턴을 유도하여 기분 조절 효과를 유도할 수 있으며 내분비 시스템과의 긴밀한 연관성을 갖는다. 후각의 정신적인 반응은 매우 즉각적이며 강력하다. 후각은 주로 심리적 효과가 있지만, 신체 자체에 대한 정신의 복잡한 영향 경로를 활성화시킬 수도 있다.

아로마 포트 등의 방향 확산 기구나 스프레이를 사용했을 때 또는 직접 향을 맡았을 때에 우리는 공기 중에 확산된 에센셜 오일의 분자를 코와 입으로 흡입하게 된다. 이 향기 분자는 후각 신경을 통해 대뇌피질의 후각영역에 도달하며 내분비계, 자율신경계, 면역체계에 영향을 끼치고 호르몬이나 감정적인 반응을 통해 신체와 정신에 작용한다. 에센셜 오일은 뇌에서 쉽게 생물학적으로 이용 가능하며, 감정에 영향을 미치는 신경 전달 경로를 조절하거나 세로토닌 및 도파민과 같은 신경 전달 물질을 방출하여 기분을 더욱 조절한다. 후각 시스템을 간단하게 요약하면 다음과 같다.

① 냄새분자(기체 상태의 화학물질)가 비강의 윗부분에 있는 후각상피에 도달
② 후각수용기세포의 섬모에 있는 후각수용체와 결합하여 전기적 신호 생성
③ 후각신경을 통해 전기적 신호를 후각망울의 이차감각신경세포에 전달
④ 후각신경을 통해 대뇌피질의 후각영역으로 신호 전달
⑤ 후각영역은 전달된 후각 정보를 처리하여 냄새 인식

후각신호를 수용하는 대뇌피질은 후각피질(olfactory cortex), 안와전두피질(orbitofrontal cortex)과 편도체(amygdala)이다. 후각피질에서는 후각수용기세포에서 시작된 신호를 받아들이

고, 안와전두피질에서는 감각이 종합되어 의식적인 냄새를 감지한다. 편도체는 후각망울과 후각피질로부터 정보를 받아서 정보처리 및 정서반응에 관여한다.

후각이 미치는 정서적인 영향은 변연계와 연관이 있다. 변연계(limbic system)는 후각, 감정, 학습, 기억, 행동 및 동기 부여에 관여하는 일련의 대뇌 구조물 집합으로, 편도체는 변연계의 가장 깊은 곳에 위치하고 있으며 안와전두피질도 변연계의 주요 구조물로 본다. 해부학적인 실체라기보다는 기능적인 그룹으로 정의할 수 있다. 식욕이나 성욕 등 본능적인 욕구, 공포와 분노 등 원시적인 감정을 지배하며, 기억의 형성에도 관여한다. 변연계는 시상하부와 밀접하게 연결되고 내분비계와 자율신경계를 조절하기도 한다. 기본적인 감각과 감정은 변연계에서 시작하고, 지적 활동과 운동 같은 복잡한 작업은 대뇌피질에 의해 지배된다고 할 수 있다.

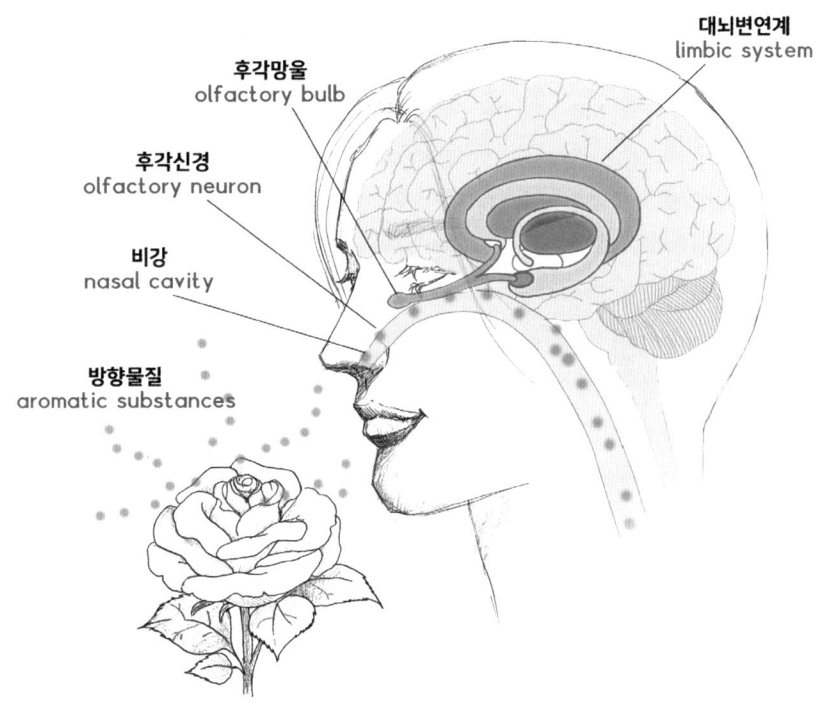

[후각 시스템]

2 개의 후각

일반적으로 개의 후각은 사람보다 약 100배 이상 발달되어 있다고 알려진다. 개의 후각시스템도 인간과 마찬가지로 형태에 따른 냄새분자를 인식하고 분석을 위해 두뇌에 전기신호를 전송한다. 냄새의 감지는 후각상피(olfactory epithelium)와 후각신경(olfactory nerves)을 통해서 발생한다. 후각상피는 냄새와 관련된 비강 내부의 특수 상피 조직이다. 후각상피는 겹겹이 말린 형태로 되어 있는 사골갑개(ethmoturbinates)에 위치하며, 후각시스템의 일부로서 냄새를 직접 감지한다. 코점막(nasal mucosa)의 점액층(mucous layer)은 후각상피에 박혀 있는 후각샘(olfactory gland)에서 유래한 것으로 비강 내 습도를 유지하고 정상적으로 냄새를 맡는데 기여한다. 개의 후각상피는 인간에 비해서 더 많은 주름으로 이루어져 있으며, 후각상피의 표면적을 인간과 비교하면 약 40배 정도 더 넓다.

후각상피에 있는 후각수용기세포(olfactory receptor cells)는 비강의 점액층으로 노출되는 섬모(cilia)를 가지는데, 사람의 후각수용기세포는 약 25개의 섬모를 가지고 있지만, 개는 후각수용기세포당 수백 개의 섬모가 있어 매우 작은 농도의 냄새 물질을 검출할 수 있다. 후각상피는 수백만의 후각수용기세포를 가진다.

각각의 후각수용기세포는 한 가지 유형의 후각수용체(olfactory receptor)를 가지며, 동일한 후각수용체를 가진 수많은 세포들이 비강 점막에 흩어져 있다. 개의 경우 1,000여 종류의 다른 후각수용체를 가지지만 사람은 일부 유전자가 퇴화됨으로써 이보다 훨씬 적은 350여 종을 가지고 있다. 하나의 수용체가 하나의 냄새를 담당하는 것은 아니며, 하나의 물질에 여러 개의 수용체가 결합하여 막대한 수의 조합을 만들 수 있다. 각 냄새 물질은 활성화된 후각수용체의 고유한 조합으로 인식된다. 인간의 후각수용체 수는 약 500만 개지만, 개는 2억 2천만 개 이상을 가지며 각각의 개에 존재하는 후각수용기세포의 수와 유형은 품종, 유전 및 훈련에 의해 결정된다.

냄새가 후각세포를 자극하면 후각수용체는 사골판(cribriform plate of ethmoid bone)을 통과하여 후각망울(olfactory bulb)로 후각신경에 의해 자극을 전달한다. 후각신경은 뇌의 후각망울과 직접 연결되므로 감정에 강력하고 즉각적인 영향을 미친다. 후각망울은 주로 중계국의 기능을 하며 감각 입력을 필터링하는 한 쌍의 구조이다. 인간의 경우 후각망울은 뇌척수관 위의 전두엽 아래에 위치하지만, 다른 포유류에서는 보다 주둥이 쪽으로 위치하여 후각 능력에 중요한 역할을 한다. 후각망울은 감각적인 역할(후각정보의 초기 과정)과 전뇌, 시상 하부 및 변연계의 조절 역할을 한다.

[개의 후각시스템]

　개의 코는 인간과 다른 기능을 하는 부분이 있다. 인간은 코 내에서 같은 기도를 통해 냄새를 맡고 호흡하지만, 개의 경우에는 콧구멍 안쪽의 조직이 이 두 기능을 분리하는 일을 한다. 개의 경우 흡입한 공기의 약 12~13% 정도는 후각에 전념하는 코 뒤쪽의 움푹 들어간 부분으로 우회하고, 나머지 공기는 인두를 통해 폐로 사라진다. 비강(nasal cavity)은 비강중격(nasal septum)에 의해 분리된 두 개의 공간(chambers)으로 구성된다. 비갑개(turbinate)는 공간의 측면 벽에서 돌출되어 있으며 구불구불한 혈관 네트워크를 포함한다. 코 뒤쪽의 움푹 들어간 부분인 비갑개는 스크롤 모양의 골격 구조로 화학적 성질에 따라 냄새 분자를 채집하고 걸러낸다. 비갑개를 따라가는 조직 내의 후각수용체는 차례대로 형태에 따른 냄새분자를 '인식'하고 분석을 위해 두뇌에 전기신호를 전송한다. 인간과 달리 개는 숨을 내쉴 때에도, 공기는 코 뒤쪽의 움푹 들어간 부분에서 빠져나오거나 들어가지 않으므로 흡기 공기가 후각 상피의 화학 수용체에 장기간 노출되고 호흡주기 전체에서 후각 자극이 계속된다.

또한 개는 킁킁거리며(sniffing) 냄새를 맡는, 인간과 다른 호흡 시스템을 가지고 있다. 우리가 코를 통해 숨을 내쉴 때, 우리는 사용된 공기를 들어오는 방향으로 보내어 들어오는 냄새를 불어낸다. 하지만 개는 콧구멍을 통해 숨을 들이마시는 동시에 사용된 공기가 코 옆쪽의 구멍을 통해 빠져나갈 수 있다. 내뿜은 공기가 소용돌이치는 듯한 작용은 새로운 냄새를 개의 코로 유도하는 데 도움이 되어 개가 더욱 효율적으로 냄새를 맡을 수 있도록 돕는다.

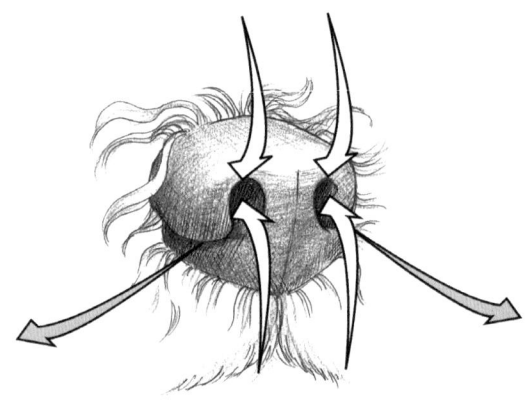

[개의 호흡]

개는 동종의 자극 냄새와 새로운 냄새를 감지하기 위해 오른쪽 콧구멍을 우선적으로 사용하고, 친숙한 냄새나 불쾌하지 않은 자극, 이종의 자극 냄새를 감지하기 위해 왼쪽 콧구멍을 우선적으로 사용한다고 알려져 있다. 각 콧구멍은 개별적으로 공기를 수집하여 냄새의 위치 파악에 도움이 되는 각기 다른 냄새 정보를 만들어 낸다.

한편 개는 인간에게는 없는 보조 후각 기관인 야콥슨기관(jacobson's organ)을 가지고 있는데, 입의 천정 바로 위의 비강과 중격의 사이에 위치한다. 페로몬의 수용기관으로 알려진 이 기관은 행동 및 생리적 변화를 자극하는 화학 신호를 감지하고 시상하부로 별도의 신경 통로를 제공하며, 다른 냄새 분자나 분석 결과와 섞이지 않는다.

02 피부

1 피부 흡수(dermal absorption)

피부를 통한 흡수는 에센셜 오일이 피부에 미칠 수 있는 모든 영향을 말한다. 공기 중에 확산된 분자는 물론, 샴푸나 젤, 연고, 입욕제, 오일 등 다양한 방법으로 피부 및 피모에 닿아 신체로 흡수될 수 있다. 에센셜 오일이 피부에 쉽게 흡수된다는 사실은 많은 연구를 통해 입증되었다. 피부의 최상층인 각질층은 에센셜 오일을 자유롭게 흡수하며 일종의 저장소를 형성하고, 분자가 작은 에센셜 오일은 혈관까지 도달하여 혈액을 타고 몸에 작용한다. 하지만, 신체의 물리적·대사적 장벽으로 인해 훨씬 적은 양과 선택적 성분만이 표피의 추가 층을 통과할 수 있으며, 최종적으로 모세혈관이 있는 진피에 침투할 수 있다.

피부를 통한 에센셜 오일의 흡수 속도와 흡수할 수 있는 에센셜 오일의 양은 적용 대상의 피부 표면 조건 및 신진대사 상태 등으로 인해 차이가 있으며, 에센셜 오일 구성 성분의 물리적 특성에 따라서도 그 흡수 속도와 대사 시간은 달라진다. 에센셜 오일은 소변, 대변, 땀, 호흡을 통해 모두 배출된다. 정상적이고 건강한 신체라면 3~6시간 정도 소요되며, 비만하거나 건강하지 않을 경우에는 14시간 이상 걸릴 수 있다. 에센셜 오일의 피부 흡수 속도와 대사는 매우 다양한 요인에 의해 달라지기에 적용 대상별로 충분한 상담과 계획이 필요하다.

모낭 및 피지샘은 지용성·친유성인 에센셜 오일의 흡수에 기인하는데, 인간보다 많은 개의 모낭 밀도와 수는 개가 왜 에센셜 오일에 민감한지를 설명하는 데 도움이 된다. 이는 에센셜 오일을 동물에 사용 시 용량과 희석률을 계산할 때에 간과할 수 없는 부분이다.

2 개의 피부

피부는 신체 표면을 덮고 있고 외부 환경과 신체 내부 환경 사이의 경계가 된다. 피부는 더위나 추위, 통증, 압력 등 외부의 자극을 받아들이는 가장 광범위한 감각기관이다. 개의 경우 피부는 체중의 11~25%를 차지하며, 이 비중은 강아지에서 가장 높게 나타난다. 피부는 신체구조물을 유연하게 지탱하며, 피부 밑의 조직이 쉽게 움직이게 해 준다.

피부는 병원체나 화학물질 등의 외부 유해물질로부터 신체를 보호하며, 침입을 방어하는 방어벽의 구실을 한다. 각화되어 죽은 표면 상피세포는 해로운 물질이 신체 내로 들어오는 것을 막아 주고, 진피의 백혈구 및 다른 면역세포와 함께 피부의 방어 작용이 이루어진다. 대부분의 박테리아와 미생물, 화학물질은 손상되지 않은 건강한 피부로는 침투할 수 없다. 피부 표면으로부터 죽은 세포들이 떨어져 나가면서 피부에 붙어 있는 많은 미생물들이 함께 제거되며, 피지 성분인 지방산은 미생물들의 성장을 억제하는 데 도움을 준다. 피부의 방수성은 표피의 표면 상피세포, 치밀한 털, 피지샘에 의해 생성되는 피지에 의해 이루어진다. 표피는 외부로부터의 수분 유입뿐만 아니라 체내 수분의 소실을 막는다.

피부는 체온 조절을 도와준다. 신체의 온도를 일정하게 유지하는 것은 신체 항상성 유지의 매우 중요한 부분이다. 대부분 체온 유지는 혈액의 흐름을 통해 일정하게 유지된다. 추울 때는 진피와 피부 밑 조직의 혈관이 수축되어 몸 표면 근처의 혈액량을 줄여 체온을 유지시킨다. 반대로 더운 환경에서는 혈관이 확장되고, 열을 발산하기 위하여 몸 표면 근처로 혈액량이 증가하게 된다. 인간의 경우 땀샘이 활성화되고 신체 표면에 땀이 증발하며 신체가 시원해지는 것을 돕는데, 개의 경우에는 피부에 90% 이상이 수분으로 구성된 무색 무취의 땀을 분비하는 에크린샘(eccrine gland)이 없다. 아포크린샘(apocrine gland)에서 생성된 피부를 축축하게 하지 않는 농축된 마른 땀과 피지샘(sebaceous gland)에서 생성된 피지가 털구멍을 통해 분비된다.

코 피부에는 샘이 없다. 코 표면의 습기는 땀이 아니며, 비강 안의 샘으로부터 나온다. 비강의 외측코샘(lateral nasal gland)은 개가 숨이 찰 때 체온을 낮추기 위해 수용성 분비물을 분비한다. 체온이 높을 때는 많은 분비물이 흡입된 공기를 차게 하고 습윤하게 만든다. 외측코샘의 기능은 사람의 땀샘의 기능과 유사하다고 볼 수 있다. 각 샘은 콧구멍의 개구부 내부에서 약 2cm로 열리는 단일 관을 통해 배출된다. 발볼록살(footpad)의 지방 조직 내에 존재하는 샘분비샘(merocrine gland)은 털이 없는 두꺼운 표피를 통해 수액성 분비물을 분비하지만, 이는 개의 체온 조절에 매우 작은 역할을 한다. 개의 주요 온도 조절 방법은 숨을 가쁘게 몰아쉬는 헐떡거림(panting)을 통해 혀와 호흡기에서 증발 냉각시키는 것이다. 입을 벌려 공기가 혀의 앞과 뒤로 가면서 혀 표면 혈관의 혈액을 차게 하며, 따뜻한 공기는 개의 몸에서 내뿜어져 체온을 낮추게 된다. 혈압의 조절은 진피와 피부 밑 조직에서 혈관의 수축과 확장을 통해 이루어진다.

피부는 표피(epidermis)와 진피(dermis) 2개의 주요 층으로 구성되며, 진피 아래 피부의 가장 안쪽에는 피하 조직(subcutaneous tissue)이 있다. 피하 조직은 피부와 근육을 연결시켜주며 몸을 더위나 추위, 충격으로부터 보호하며, 그 외 다른 기능들도 가지고 있다.

표피(epidermis)는 이물질로부터 몸을 보호하는 피부 바깥층이다. 편평하며 겹쳐진 표면세포를 가진 조직으로, 표피에서 가장 중요한 2개의 층은 가장 아래쪽에 있는 기저층(basal layer)과 가장 바깥에 있는 각질층(cornified layer)이다. 피부의 기초를 이루는 단백질인 케라틴을 만드는 각질형성세포(keratinocytes)는 피부의 기저층에서 생성되어 각질층까지 분열해 올라가 편평하게 각화(cornification)되어 죽게 된다. 개 피부의 각화 주기는 약 3주(22일)이며, 인간 피부의 경우는 28일 정도 걸린다. 죽은 세포들은 떨어져 나가기 전에 3주 정도 각질층에 남아 있게 되며, 수백만 개의 표면 상피세포가 매일 떨어져 나간다. 개의 표피 두께는 인간에 비해 얇은데, 인간의 경우 적어도 10~15개의 세포층을 갖지만, 개의 경우 5~7개의 세포층을 가진다. 개의 평균 pH는 평균 7~7.5로 중성에서 약알카리성에 가깝다.

진피(dermis)는 탄력적인 섬유성 결합조직으로 표피보다 훨씬 두꺼운 층이다. 피부 부속기관인 혈관, 신경, 피지샘, 털주머니, 털세움근 등을 포함한다. 대부분의 피부감각 수용체는 진피에 존재하여 촉각, 압각, 통각, 냉각, 온각에 대한 감각을 인지하여 대뇌로 감각의 정보를 보낸다.

털은 진피에 생겨서 표피의 밖으로 나오는데, 진피 속에 있는 부분을 털망울(hair bulb), 표피 밖으로 나온 부분을 털줄기(hair shaft), 진피 속에서 털망울을 싸고 있는 조직을 털주머니(hair follicle)라고 한다. 털주머니에는 추위나 공포에 반응해서 털을 세우거나 눕히는 털세움근(arrector pili muscle)이 연결되어 있다. 털망울 내부에 있는 털기질(hair matrix)은 진피유두(dermal papilla)를 둘러싸고 있는 상피이자 털의 뿌리 부분을 이루는데, 이곳에서 진피유두에 흐르는 모세혈관으로부터 영양분을 흡수 및 분열과 증식을 반복하며, 털의 생성이 이루어진다.

대다수 종의 개는 겉털(outer coat)과 함께 부드러운 속털(under coat)로 구성되는 이중모를 가지는데, 두 가지 형태의 털은 같은 구멍을 통해서 표면으로 나온다. 촉각털(tactile hair)은 개의 주둥이(muzzle)와 눈 주위에 나타나는 크고 짙은 긴 털로 매우 민감하며 외부의 자극을 수용한다. 단일모나 이중모 모두 유전적으로 결정된 길이에 도달하면 성장을 멈추고 탈락하는 과정을 거친다.

털이 생성되어 탈모하기까지의 주기를 털주기라고 하며, 털주기는 성장기-퇴행기-휴지기를 거친다. 털기질로부터 분리되었지만 털주머니에 남아 있는 털, 즉 휴지기에 있는 털을 곤봉털(club hair)이라고 한다. 털기질이 활성화되고 진피유두와 연결되어 새로운 털이 성장하면 오래된 털을 밀어 내며 털이 빠진다. 추운 날씨는 털 성장을 자극하기에 대부분 봄에 주기적으로 많은 털이 빠지지만, 몇몇 종에서는 이 과정이 일 년 내내 일어난다. 많은 견종에서 털 빠짐은 호르몬의 영향을 많이 받는다.

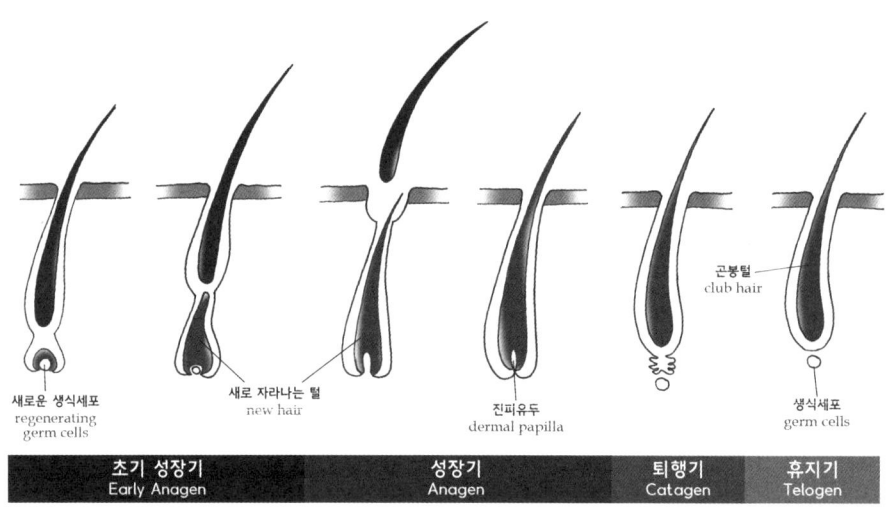

[털의 생장주기]

다른 포유류와 마찬가지로 개의 털은 온도 조절 및 상처로부터의 보호를 포함한 많은 용도가 있다. 또한 개의 털은 개의 종을 보여주는 중요한 역할을 한다. 개의 전형적인 형태와 크기 등의 기본적인 정보를 비롯하여 성격 및 기질, 몸의 각 파트 구성, 모색, 움직임, 실격사항 등이 매우 상세하게 기술되는 견종 표준서(breed standard)에는 종종 해당 견종의 이상적인 코트(coat) 특성과 자세한 설명이 포함된다.

03 개의 신체구조

 신체를 이해하는 것은 분명히 아로마테라피스트에게 많은 도움이 된다. 기본적인 견체 명칭과 골격을 아는 것은 개의 신체구조를 이해하는 첫 번째 단계이다. 견 종별로 크기와 모양은 매우 다양하지만, 뼈의 구조는 동일하다. 골격의 명칭은 어렵게 느껴질 수 있지만, 개도 인간처럼 움직임과 모양의 근본을 이루는 것은 뼈의 구조에 있기에 사람과 비유해서 기억하면 이해하기 쉽다. 더 나아가 아로마테라피의 궁극적인 목표인 홀리스틱 케어와 항상성 유지를 위해 작용하는 신체구조를 이해한다. 항상성은 자율신경계와 내분비계(호르몬)의 상호협조로 이루어진다.

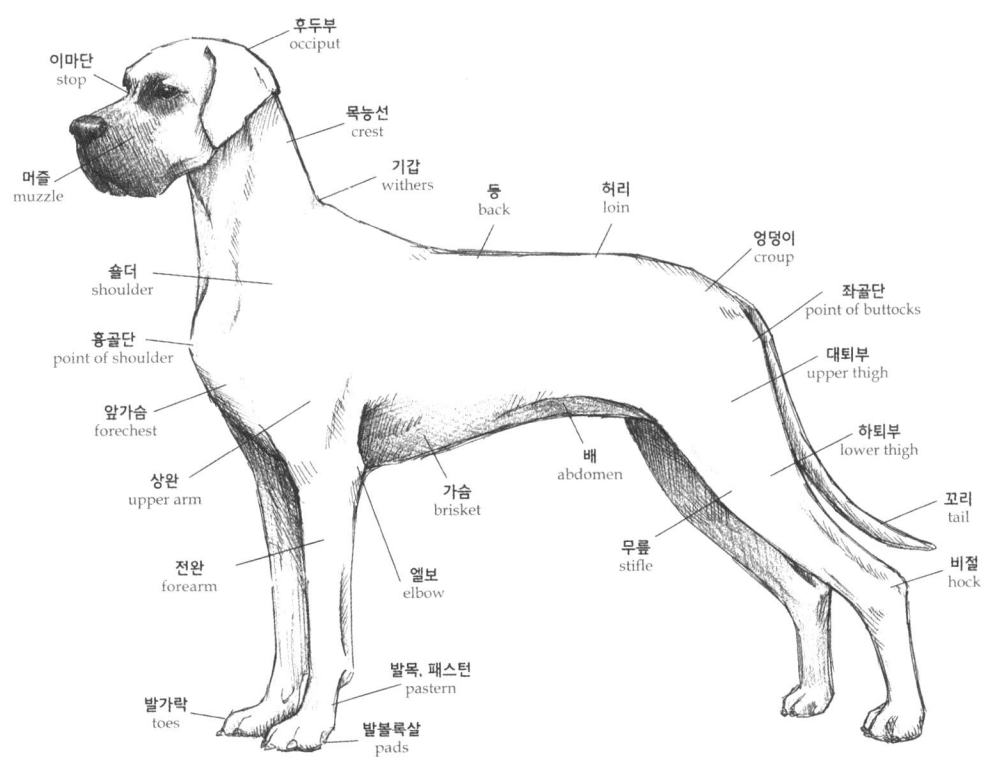

[견체 명칭]

1 개의 골격(skeleton)

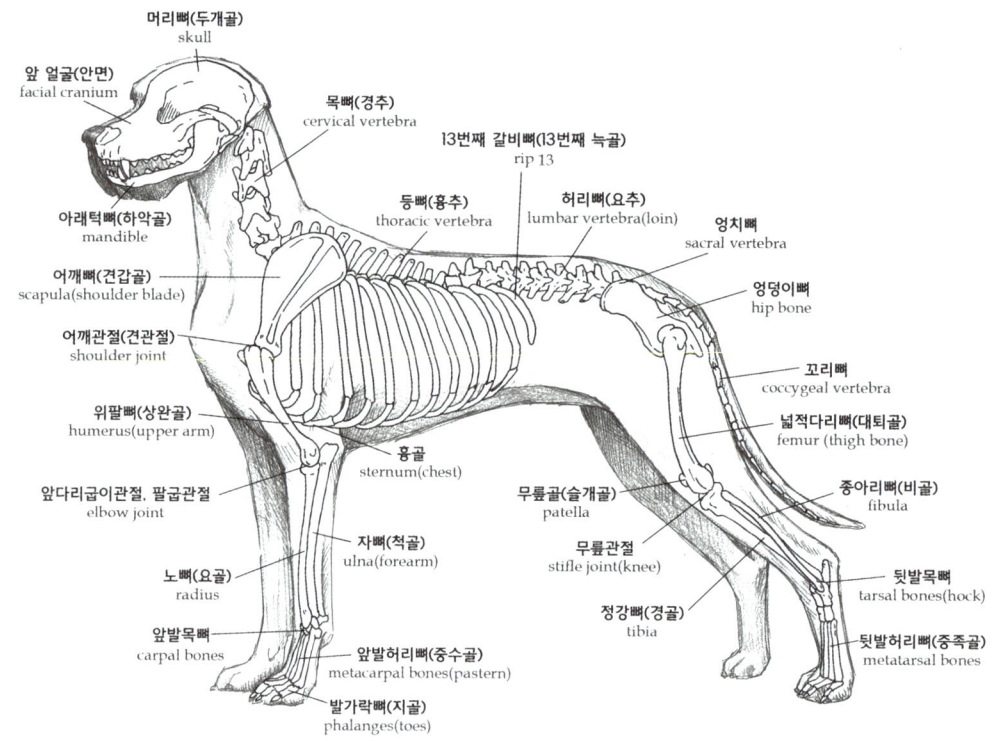

[개의 골격]

골격은 몸 전체를 형성하는 뼈대로 살아 있는 틀(frame)이다. 개의 몸에는 대략 321개의 뼈가 있다. 골격은 다른 모든 조직의 무게를 지탱하며, 뇌나 폐 등의 장기를 외부의 충격으로부터 보호하는 역할을 한다. 뼈는 몸을 지탱하는 역할과 더불어 중요한 기능이 있는데, 혈액에서 골수를 만드는 것이다. 혈액은 골수에 있는 조혈세포 분열로 만들어지며, 만들어진 혈액의 각 성분은 뼈를 만드는 모세혈관의 구멍에서 온몸으로 운반된다.

몸의 움직임은 뼈와 관절에 근육이 공동 작용된 결과로 발생한다. 움직임에서 뼈는 근육을 위한 지렛대 역할을 한다. 뼈는 단단함과 유연함이 하나로 이루어진 구조라 충격에 강하며, 새 뼈를 만드는 골아세포(osteoblast)와 오래된 뼈를 부수는 파골세포(osteoclast)의 작용으로 성장하고 쇠퇴하는 것을 반복한다. 골절되었을 때도 세포의 공동 작업으로 다시 붙는다. 두 개 이상의 뼈 또는 연골이 만나는 곳에는 관절이 형성된다. 즉, 관절은 뼈들 사이의 연결고리라 할 수 있다. 관절은 구조나 움직이는 방법에 따라 여러 종류가 있으며, 관절의 뼈와 뼈 사이에는 연골이 있어 쿠션 역할을 한다.

2 개의 근육(muscles)

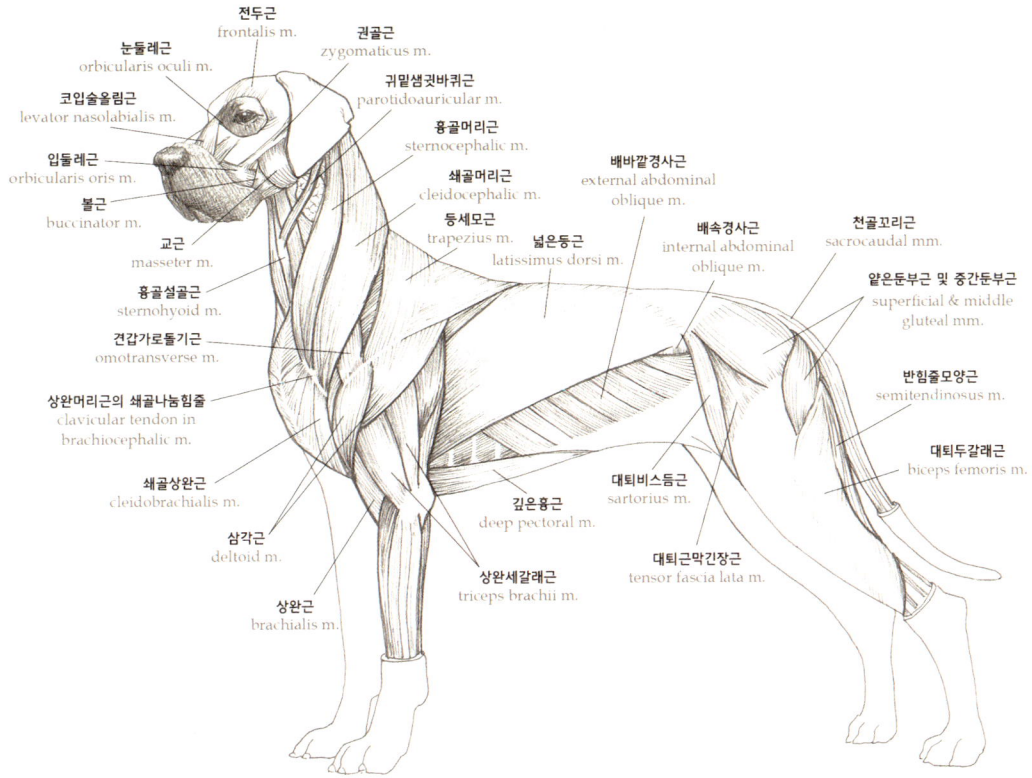

[개의 표층근육]

근육은 걷거나 뛰는 모든 운동과 신체 조정에 관여하는 특수한 세포이다. 신체 내에서 움직임이 가능한 모든 부분에 근육이 위치하며, 뼈와 밀접하게 관계하여 신체의 움직임을 만든다. 근육은 가장 중요한 기능인 운동 외에도 자세 유지, 열 생산, 호흡, 순환, 소화, 번식에 작용한다. 그 외에도 얼굴표정을 지을 때나 털 세움, 꼬리 흔들기에도 근육이 필요하다.

근육에는 골격근(skeletal muscle)과 평활근(smooth muscle), 심근(heart muscle)이 있다. 심근은 심장이 수축하여 혈액을 순환하도록 하고, 평활근은 소화기관이 연동운동을 통해 음식물을 이동하도록 하는 등의 생명활동에 꼭 필요한 근육이다. 털세움근도 평활근에 속한다. 골격근육은 골격에 붙어서 몸을 조절하고 움직이도록 하는 역할을 한다. 골격근의 양 끝에는 흰색섬유조직으로 구성된 힘줄(tendon)이 있다. 근육이 수축할 때는 힘줄이 대상이 되는 뼈의 한쪽을 끌어당겨서 운동을 돕는다. 골격근은 대부분의 개에서 체중의 약 40% 이상을 차지한다.

근육을 움직이는 방법으로 분류하면 의지대로 움직일 수 있는 수의근(voluntary muscle)과 의지로 움직일 수 없는 불수의근(involuntary muscle)이 있다. 골격에 붙어서 몸을 움직이는 골격근은 근육에 따라 잘 움직이기도 하고 아니기도 하지만, 어느 정도 자신의 의지로 움직일 수 있으므로 수의근이다. 혈관이나 내장 등 내부 기관에 붙어 있는 평활근은 자신의 의지로 움직일 수 없으므로 불수의근이다. 평활근은 자율신경이나 호르몬의 영향을 받아서 천천히 지속적인 움직임을 보인다. 심장을 움직이는 심근도 자신의 의지로 멈추거나 움직일 수 없으므로 불수의근이다.

3 개의 내분비구조(endocrine system)

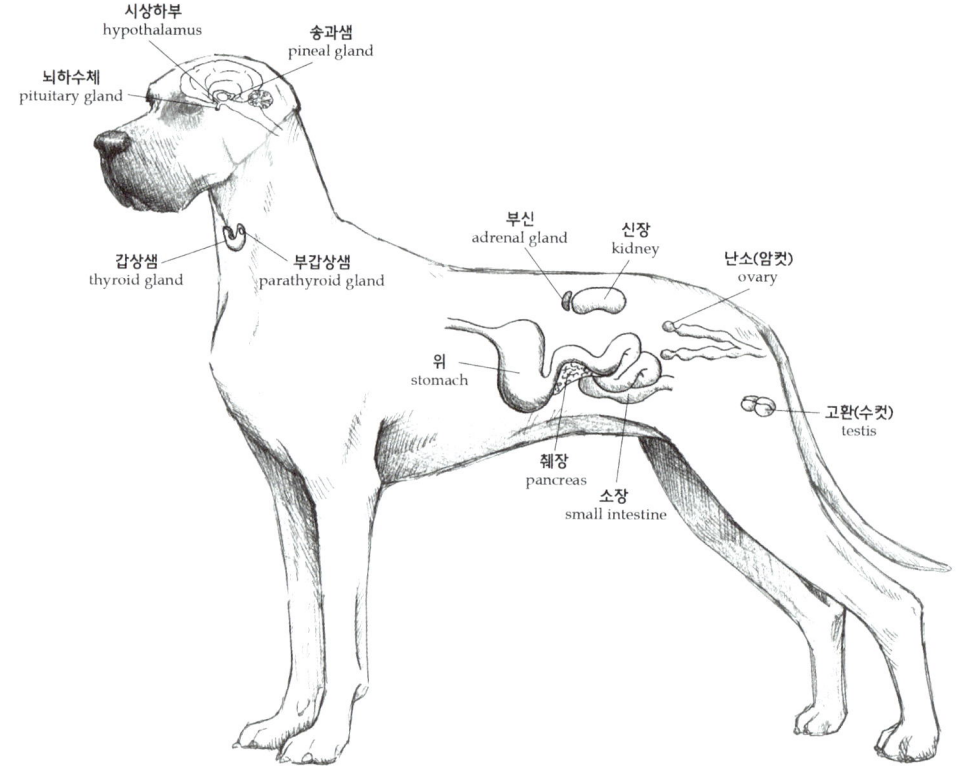

[주요 내분비기관의 위치]

내분비계는 일정한 내부 환경을 제공하여 신체 과정을 조절한다. 내분비계는 호르몬을 생성하고 분비하는 내분비샘으로 구성되며, 호르몬은 혈액을 통해 전신을 순환하고 목적지(target)에 도달하여 표적기관의 기능을 조절한다. 내분비계의 기능을 요약하면 다음과 같다.

① 성장, 발달, 신진대사와 같은 신체활동 조절

② 스트레스를 받는 동안 신체를 유지
③ 생식 과정에 기여

내분비계에서 호르몬 균형은 건강을 유지하는 데에 중요하다. 많은 내분비계 질환이 호르몬의 불균형을 원인으로 한다. 시상하부(hypothalamus)는 내분비 기능의 최고의 조절중추로 작용하며, 여러 가지 호르몬의 분비를 조절한다. 시상하부는 뇌하수체를 통해 신경계와 내분비계를 연결하며, 항상성 유지에 관여한다.

4 자율신경계(autonomic nervous system)

자율신경계는 대뇌로부터 명령을 받지 않고 자율적으로 작동하여 장기나 기관의 기능을 조절하는 신경이다. 호흡, 심박, 체온, 발한, 혈압, 배뇨, 배변 등 생명 유지에 꼭 필요한 기능은 모두 자율신경이 조절한다.

시상하부(hypothalamus)에서 자율신경 기능 전체를 제어하며, 자율신경이 작동할 때 시상하부는 내분비계의 조절 반응과 뇌 줄기의 행동 반응과도 소통하여 자율신경반사를 조율한다. 자율신경계는 내분비계와 더불어 신체의 항상성을 유지하게 하는 역할을 한다.

자율신경계에는 교감신경계와 부교감신경계가 있으며, 주로 서로 상반되는 기능을 하면서 생리현상을 조절하여 신체의 항상성을 유지한다. 교감신경은 활동 상태일 때 우위를 확보하며, 부교감신경은 안정 상태일 때 우위를 차지한다. 자율신경과 부교감신경은 상황에 따라서 어느 한쪽의 기능을 강화하여 장기나 기관의 균형을 유지한다. 교감신경과 부교감신경 작용의 예는 다음과 같다.

기관	교감신경	부교감신경
눈	동공 확대	동공 수축
눈물샘	분비 감소	분비 증가
침샘	찐득한 소량의 침 분비	다량의 묽은 침 분비
심장	심장박동 촉진, 수축률 증가	심장박동 감소, 수축률 감소
기관 및 기관지	확장	수축
위장관	움직임과 분비 감소	움직임과 분비 증가
방광	이완	수축
부신수질	에피네프린과 노르에피네프린 분비 촉진	영향 없음

04 다양한 견종과 그룹별 특징

사람의 성격이 제각기 다르듯 개도 성격이 매우 다양하다는 것을 이해한다. 그룹별 특징과 성격으로 모든 개를 일반화할 수는 없지만, 견종을 이해하기 위한 첫걸음이 될 것이다. 견종별로 이상적인 신체 구성과 성격 및 기질은 모두 다르며, 이에 따른 차별적인 관리가 필요하다. 또한 같은 견종이라 하더라도 한 마리, 한 마리 증상의 원인에 대한 이해가 필요하며, 객관적인 관점으로 증상을 관리하는 방법을 아는 것은 매우 중요하다. 아로마테라피를 행하기에 앞서 내담견의 특성을 이해하는 것은 매우 기초적이고 중요한 일이다. 반려견이 표현하는 신체적·심리적인 증상들을 종합적으로 파악하고 충분히 고려하도록 한다.

1 견종의 분류

개는 30000년 이상 전에 길들여졌으며, 역사 전반에 걸쳐 사냥, 일, 목축 및 보호를 포함한 수많은 작업에서 인간을 도왔다. 인류와 함께 생활하고 광범위하게 이주하는 가운데 환경이나 쓰임에 따라 형태는 변화하였으며, 인류는 정착 생활을 하게 되며 자신들의 생활에 맞는 개를 선택하게 되었다. 예를 들어, 사냥을 위해 냄새를 잘 맡는 개나 발 빠른 개를, 가축을 보호하거나 감독하는 목축용 강아지로 목적에 따라 선택과 도태를 반복하면서 많은 견종(breed)이 만들어졌다. 현재 세계에는 공인되지 않은 견종을 포함하여 700~800의 견종이 있다고 알려져 있다.

2 그룹별 특징

나라와 단체별로 견종별 그룹의 구성은 조금씩 차이가 있지만, 기본적으로 개의 역할 및 목적으로 나누어 그룹을 형성한다. 그룹별, 그리고 견종별로 개는 목적에 가장 부합한 몸의 구성과 기질을 가지고 있다. 미국애견협회 AKC(American Kennel Club)의 견종 분류는 다음과 같다.

(1) 스포팅 그룹(sporting group)

사냥꾼을 도와 사냥감을 찾고 회수하는 역할을 하기 위해 개발되었다. 스포팅 그룹에는 스파니엘, 포인터, 리트리버, 세터의 4가지 타입이 있다. 물과 숲에서 우수한 본능을 뽐내는 스포팅 그룹의 개들은 사냥 및 야외 운동을 즐긴다. 에너지가 넘치고 즐거운 성격을 가지며, 내추럴하고 활발하며 활동적이다. 정기적인 활발한 운동이 필요하다.

　예) 코카스파니엘, 골든리트리버, 브리타니, 잉글리쉬세터 등

(2) 하운드 그룹(hound group)

사냥개로서의 본능을 가지고 있다. 후각형 하운드(scent hound)는 뛰어난 후각을 이용해 사냥감을 추적하며, 시각형 하운드(sight hound)는 시야에 목표물을 발견하면 놀라운 체력과 스피드를 보인다. 하운드 그룹은 스스로 사냥하거나 사냥감을 궁지에 몰아 사냥꾼이 올 때까지 기다린다. 하지만, 사냥의 기질만으로 일반화하기에는 하운드 그룹은 상당히 다양한 것을 포괄한다.

　예) 아프칸하운드, 보르조이, 비글, 바센지, 바셋하운드 등

(3) 워킹 그룹(working group)

대체적으로 총명하고 강력한 체격을 가지고 있다. 워킹 그룹의 개들은 주의 깊으며 기민하다. 이들은 사람을 도와 집과 가축을 지키고 수레를 끌며, 경찰견이나 군견으로 다양한 힘든 일을 해낸다. 워킹 그룹은 훌륭한 반려견이 될 수 있지만, 그 체격이 크고 기본적으로 보호하는 본능을 가지고 있기 때문에 이들을 어떻게 훈련하고 사회화하는지 아는 것은 매우 중요하다.

　예) 아키타, 시베리안 허스키, 버니즈 마운틴 독, 복서, 도베르만핀셔, 그레이트 댄 등

(4) 테리어 그룹(terrier group)

확고하고 용감한 기질을 가지고 있다. 테리어는 사냥을 하고 농작물과 가축에 해를 입히는 야생동물로부터 가족과 집을 보호한다. 혈기 왕성하고 정열적인 것은 테리어 키우는 사람들의 가장 큰 특징이기도 하다. 테리어는 훌륭한 반려견이 될 수 있지만, 고집이 세고 굉장히 많은 에너지를 필요로 한다는 것을 이해해야 한다. 테리어 종 특유의 외모를 유지하기 위해 스트리핑(stripping)과 같은 특별한 털 손질이 필요하다.

　예) 에어데일, 베들링턴, 케리블루, 레이크랜드, 스코티쉬, 노퍽, 케언, 불테리어 등

(5) 토이 그룹(toy group)

사람의 반려동물로서 토이 그룹의 개들은 생기 넘치고 다정하고 사교적이며, 다양한 라이프스타일에 적응할 수 있다. 이들은 작지만 스마트하며, 강력한 보호 본능을 가지고 있다. 도심 속의 반려견으로 이상적이며 기꺼이 사람 무릎 위에 앉아 있는 걸 즐긴다.

> 예) 말티즈, 치와와, 아펜핀셔, 빠삐용, 포메라니안, 페키니즈, 토이 푸들 등

(6) 논스포팅 그룹(nonsporting group)

다른 그룹에 포함되지 않으면서 굉장히 다양한 특성을 가진, 나머지 견종들로 구성된다. 논스포팅 그룹은 다양한 배경을 가지고 있기 때문에 이 그룹에 대한 일반화는 어렵다. 다양한 기능의 차이가 있을 수 있지만, 대부분은 좋은 경비견이며 반려동물이다.

> 예) 달마시안, 차우차우, 불독, 보스턴테리어, 비숑프리제, 스탠다드푸들 등

(7) 허딩 그룹(herding group)

타고난 목축 본능을 가지며, 이들의 목적은 목동과 농부를 도와 가축을 다른 장소로 움직이도록 이끌고 감독하는 것이다. 목축 그룹의 개들은 무리 짓는 본능이 아주 강해 특히 가족의 아이들을 잘 돌본다. 일반적으로 목축 그룹의 개들은 굉장히 영리해 훌륭한 반려동물이 되며 훈련에도 적합하다.

> 예) 보더콜리, 웰시코기, 저먼셰퍼드, 올드잉글리쉬쉽독, 벨지안쉽독 등

05 개의 스트레스 행동

스트레스의 상황이 계속되어 질병으로 발전하지 않도록 세심하게 살피고 대처하는 것은 매우 중요하다. 지속된 스트레스로 몸의 항상성이 무너지면 면역력이 떨어지거나 호르몬 분비에 이상을 초래하고, 신체 각 장기에 영향을 미쳐 여러 가지 질병이 발병하게 된다. 반려견이 아플 때에 중요한 것은 증상에 대한 수의사의 진단임을 잊지 않도록 하며, 아로마테라피를 통해 근본적인 스트레스 원인을 제거해 주고, 심리적·신체적 안정을 취할 수 있도록 돕는다.

1 항상성과 스트레스

스트레스를 논하기 앞서 항상성(恒常性)의 개념을 알아둘 필요가 있다. 항상성은 자동정상화 장치(自動正常化裝置)라고도 하며, 호메오스타시스(homeostasis)와 같은 말이다. 신체는 외부 환경의 변화로 인한 생리적 내부 환경의 균형 상태가 파괴되면 다시 적절한 균형을 회복하려는 작용을 한다. 신체 각 계통의 궁극적인 목표는 각 세포가 생존할 수 있는 지속적인 내부 환경을 유지시키는 것인데, 신체가 안정적인 세포와 조직을 위한 내부 환경을 유지하는 과정을 항상성이라고 한다. 즉, 외부환경과 생물체 내의 변화에 대응하여 순간순간 생물체 내의 환경을 일정하게 유지하려는 현상으로 정의할 수 있다. 항상성은 자율신경계와 내분비계(호르몬)의 상호협조로 이루어진다.

신체 항상성 유지를 위해서는 외부 환경으로부터 일정량의 산소와 수분, 기타 영양소를 섭취해야 하며, 체온을 유지하고 신진대사를 필요로 한다. 이러한 필요성을 충족하고자 하는 것이 생리적 욕구이며 이는 항상성의 유지를 위해, 궁극적으로는 생명 유지를 위한 자기조절기능이라 할 수 있다. 해로운 육체적 또는 정신적 자극이 가해졌을 때 체내는 비특이적인 생물반응으로 반응한다. 이러한 반응과 신체의 긴장 상태를 스트레스라고 한다. 쉽게 말하면 신체가 항상성에서 멀어지게 하는 요인으로 스트레스를 말할 수 있는 것이며, 다른 한편으로는 항상성을 유지하기 위한 신체의 시도 역시 스트레스로 해석될 수 있다.

스트레스를 유발하는 원인은 매우 다양하고 저항하는 신체의 반응 역시 개인 특성에 따라 차이가 있지만 스트레스에 대한 증상을 일반적으로 나누자면 다음과 같다.

① **신체적 증상** : 피로, 두통, 불면증, 위병, 구토, 복통 등
② **정신적 증상** : 집중력이나 기억력의 감소, 우유부단, 혼동 등
③ **감정적 증상** : 근심, 걱정, 불안, 신경과민, 분노, 좌절감, 우울증 등
④ **행동적 증상** : 안절부절못함, 발 떨기, 손톱 깨물기, 신경질 등

스트레스에 노출되면 뇌하수체가 영향을 받아 자율신경계와 내분비계의 조절로 연계된다. 적당한 스트레스는 오히려 신체와 정신에 활력을 주는 것으로 알려져 있지만, 감당할 정도 이상의 스트레스나 장기간 반복적으로 노출되는 스트레스는 만성화되어 자율신경계의 지속적인 긴장을 초래하여 다양한 기능 장애나 질병을 유발하게 된다.

스트레스에 대해 신체는 단계별로 저항을 나타내는데, 스트레스에 대해 신체가 보내는 경고와 반응기를 지나고도 계속해서 스트레스에 노출되면 강한 저항으로 이어진다. 하지만 이때에 다른 종류의 스트레스 요인에 대해서는 저항력이 약해진다. 저항력이 떨어져 여러 증상이 나타나게 되어 몸과 마음이 피폐해지면 죽음에까지 이르게 된다. 우리는 다양한 스트레스 요인으로부터 벗어날 수 없기에 사실상 문제는 스트레스 요인이 아니라 어떻게 대처하는지가 핵심이라 할 수 있다.

2 개의 스트레스 행동 이해

인간과 마찬가지로 현대의 반려동물들도 다양한 스트레스에 노출되어 있다. 스트레스 요인은 외적 원인과 내적 원인으로 나눌 수 있으며, 개체별 특성에 따라 다르다. 일반적으로 사람과 함께 생활하는 반려견들이 스트레스를 느낄 수 있는 요인들은 다음과 같다.

① 불안정한 장소, 비위생적인 장소
② 영양의 과부족
③ 운동, 산책 부족 또는 과도한 운동
④ 불규칙한 배변 시간
⑤ 극단적인 온도차

⑥ 소음

⑦ 질병, 통증, 가려움

⑧ 애정 과다 또는 주인의 무관심

⑨ 긴장, 불안, 공포의 상황, 체벌

⑩ 모르는 사람이 갑자기 만지는 경우

⑪ 지속해서 보내는 신호를 주인이 이해해 주지 않을 때

⑫ 반려인의 불안 또는 스트레스 상태

스트레스를 받으면 나타날 수 있는 반려견의 행동 양상은 다음과 같다.

① 갑자기 보이는 활동적 또는 공격적인 성향

② 주위의 상황에 과잉 반응, 불안, 웅크리고 있는 경우

③ 눈 마주침 피함, 산만함

④ 배설 횟수가 늘어나거나 잦은 배변 실수

⑤ 설사 또는 변비

⑥ 식욕 저하

⑦ 자신의 몸을 끈질기게 핥거나 긁는 행동

⑧ 쉬지 않고 짖음

⑨ 바닥을 계속해서 킁킁 냄새를 맡고 다니는 행동

⑩ 알레르기 증상

⑪ 탈모, 피부 건조, 비듬 등의 피부와 피모의 변화

⑫ 입맛 다심, 큰 하품 등

반려견을 위한 아로마테라피에 있어서 무엇보다 중요한 것은 반려견의 행동을 이해하는 것이며, 증상에 대해 오진하지 않는 것이다. 반려견이 보내는 신호와 신체 상태를 잘 확인하여 큰 질병으로 발전하기 전에 치유를 돕는다. 특히, 반려견이 아플 때에는 함부로 판단하여 아로마테라피를 행하기보다는 수의사의 진료를 받고 정확한 처방을 받도록 한다.

06 반려견을 위한 힐링 마사지

　아로마테라피 마사지는 신체의 긴장을 풀고 진정시켜 주며, 에센셜 오일의 효과를 신체에 도입하기 위한 목적을 가진 예방적 홀리스틱 케어이다. 아로마테라피 마사지는 에센셜 오일의 효과를 신체에 도입함과 동시에 신경계와 림프계에 가볍게 진정시켜 주며, 신체 에너지의 흐름을 원활하게 해 주는 릴렉스 마사지이다. 부드러운 터치로도 충분하며, 개는 안정된 상태로 공기 중의 에센셜 오일을 흡입하며 아로마테라피 마사지의 장점을 받아들일 수 있다. 마사지 후에는 신체가 잘 휴식함과 동시에 에너지가 채워진 느낌을 받게 된다. 반려견에 아로마 마사지 적용 시의 장점은 다음과 같다.

① 에센셜 오일이 가진 효과와 효능을 심신에 가져온다.
② 마사지에 의해 더욱 신뢰관계를 깊게 한다(이는 훈련에도 효과적이다).
③ 터치에 익숙하게 하며, 신체를 체크함으로써 질병의 조기발견이 가능하다.
④ 혈액과 림프의 순환을 돕는다.
⑤ 근육의 긴장을 줄여주며, 근육과 관절의 통증을 완화시킨다.
⑥ 바른 자세를 유도하며, 움직임 개선을 돕는다.
⑦ 스트레스의 해소를 돕고, 에너지의 흐름을 원활하게 한다.
⑧ 정신적, 육체적 피로의 회복을 돕는다.
⑨ 반려동물의 신체를 만지면서 얻어지는 힐링 효과가 있다(동물매개치료).

　마사지의 테크닉은 굉장히 다양하며, 마사지의 순서와 방법 역시 정해진 것은 없다. 숙련되고 공인된 전문가가 아니라면 절대로 근육과 관절에 깊게 마사지하거나 경혈을 자극하는 시도를 하지 않도록 한다. 반려견에 마사지를 할 때 가장 중요한 것은 개의 해부학이나 심리학 또는 마사지 테크닉보다 테라피스트의 마음가짐이라고 할 수 있다. 마사지라는 행위에 초점을 맞추거나 에센셜 오일의 효능만으로 판단하여 무리해서 진행하지 않도록 한다.
　반려동물에 마사지하는 경우 적합한 농도와 적당한 양은 매우 중요하다. 일반적으로 건강한 성견에게 적용하는 경우 1~2% 이내의 농도가 안전한 수준이며, 이것은 소형견에도 적용이 가능하다. 이것은 에센셜 오일의 희석률이며, 크기와 개체의 차이는 있지만 총 용량은 희석된 식물성 오일 2~3방울 정도를 양손으로 문질러 흘러내리지 않을 정도로 하여 전신에 사용한다. 6개월 미만의 강아지에는 마사지하지 않으며, 다음과 같은 경우는 마사지를 금기한다.

① 이상체온
② 급성 감염질환
③ 염증 또는 피부에 감염성 질환이 있는 경우
④ 최근에 수술한 경우
⑤ 심장에 이상이 있는 경우(부드러운 마사지는 허용)
⑥ 심각한 천식 또는 기관지 협착증인 경우
⑦ 관절 염증(직접 마사지하기보다는 문제 부위에 직접 도포하거나 습포한다)
⑧ 과식한 경우(토할 수 있다)

사람과 마찬가지로 개들도 숙련된 손길의 마사지를 즐긴다. 사람이 쓰다듬어 주는 손길이 익숙한 개의 경우는 쉽게 시작할 수 있지만, 처음 마사지를 받는 개라면 의아해하거나 호기심을 가지기 마련이다. 서두를 이유는 전혀 없으며, 충분히 안정감을 느끼고 받아들일 수 있도록 기다려 준다. 마사지하기에 앞서 충분한 교감 과정을 통해 반려견이 심리적 안정을 취하도록 하며, 적당한 컨디션인지 확인할 수 있고 관찰하는 과정 또한 교감의 일부가 된다. 마사지를 하는 모든 순간에는 반려견의 반응에 초점을 두도록 한다.

한 손을 가슴 부위에 받치고 다른 손으로 개를 부드럽게 감싸 안아 수건을 깔아 둔 테이블 또는 무릎 위 쿠션 위에(소형견의 경우) 조심스럽게 내려놓는다. 개와 눈을 맞추어 심리적으로 안정을 취할 수 있도록 하며, 전반적인 건강 상태를 눈으로 확인한다. 부드러운 목소리로 말을 건네며 한 손으로 쓰다듬어 터치에 익숙해지도록 한다. 상담을 통해 미리 블렌딩해 둔 오일을 손바닥에 2~3방울 떨어뜨려 부드럽게 비벼 흡수시킨다. 식물성 오일은 쉽게 흡수되며, 손바닥에 너무 많이 남아 피모에 묻어나지 않을 정도로 한다. 개는 새로운 향의 출현에 호기심을 가질 것이다. 부드러운 목소리와 함께 충분히 향을 맡게 해 주며, 자연스럽게 다른 손으로 쓰다듬어 주듯 마사지를 시작한다. 마사지는 5~10분 이내로도 충분하다. 익숙해지면 점차 시간을 늘려갈 수 있도록 하며, 마사지 후에는 충분히 쉬게 해 주고 미지근한 물을 마실 수 있도록 한다.

반려견을 위한 릴렉스 마사지

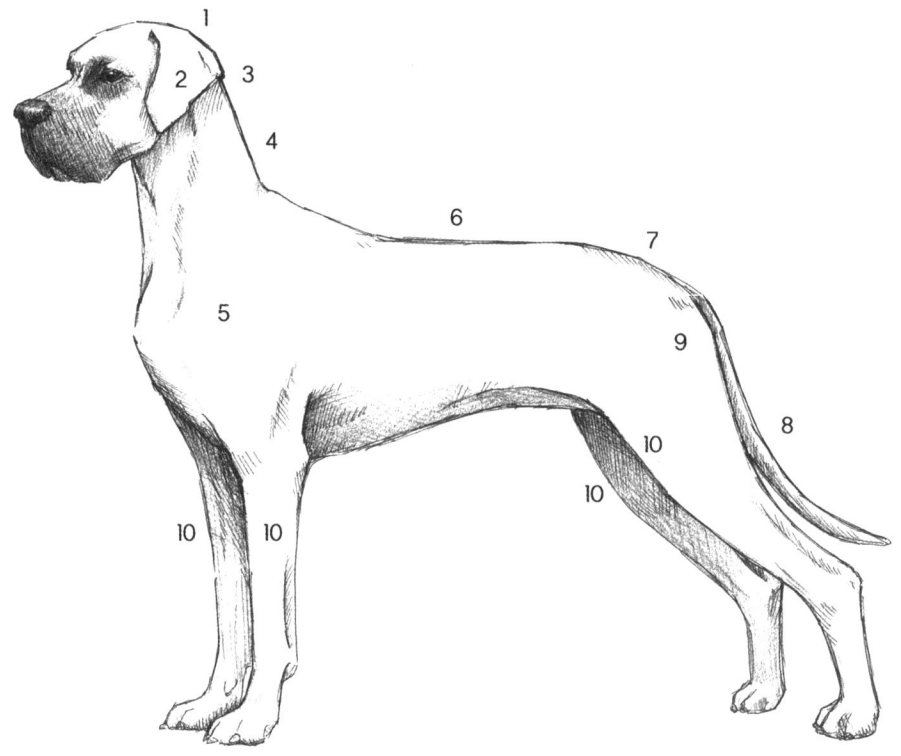

[반려견을 위한 릴렉스 마사지 순서]

1. 머리 뒤쪽에 가볍게 손가락으로 시계 방향으로 원을 그리며 5~6회 쓰다듬어준다. 한 손은 턱 아래쪽에 안정감 있게 지지해 준다. 이어서 귀 뒤쪽을 작은 원을 그리며 마사지한다. 개가 안정감을 느낄 수 있도록 부드러운 목소리로 말을 건네 준다.

2. 양 손으로 부드럽게 귀를 바깥쪽으로 쓰다듬 듯이 펴 주고, 부드럽게 손가락으로 귀 끝을 마사지한다. 이때 귀를 잡아당기지 않도록 주의한다. 개가 귀 만지는 것을 싫어한다면 무리해서 진행하지 않는다. 편안하게 몸을 맡기는 상태라면 자연스럽게 양손을 귀 앞쪽으로 이동해 눈 끝과 귀 사이를 엄지 손가락을 이용해 가볍게 원을 그리며 위 아래로 움직여 풀어준다. 개의 표정을 살피며 편한 기분인지 확인한다.

3. 한 손은 가슴이나 턱 아래쪽에 안정감 있게 지지하고 다른 손은 머리 뒤쪽 목능선(crest)의 가장 위쪽부터 시작하여 손가락 전체를 사용해 가볍게 근육을 쥐었다가 놓으며 풀어 준다. 손가락에 너무 힘이 들어가지 않도록 주의하며 부드럽게 10~20회 반복한다. 개는 부교감 신경의 반응으로 긴장을 풀고 이완되기 시작한다.

4 목덜미를 따라 어깨까지 이어서 내려오며 근육을 풀어 준다. 아주 작은 사이즈의 개가 아니라면, 최대한 손바닥과 손가락 전체를 사용하여 안정감 있게 쥐듯이 마사지한다. 천천히 진행하며 2~3회 더 반복한다.

5 개는 마사지에 적응하고 몸을 편하게 맡긴 상태일 것이다. 돈등마루(withers)에서 상완까지의 위쪽 어깨 근육을 풀어 준다. 네 손가락이 벌어지지 않도록 하고 손바닥을 이용하여 가볍게 쥐었다가 놓는 동작을 반복한다. 쥐는 동작이 쉽지 않으면 가볍게 흔들어 풀어주는 것도 좋다. 한쪽 면의 마사지가 끝나면 동일한 동작으로 반대쪽 면을 마사지한다.

6 등에서 허리까지 약한 압으로 천천히 쓸어 내린다. 손끝을 이용하여 3~4차례 쓸어 내리며, 척추를 직접 누르지 않도록 주의한다. 이후에는 손바닥 전체를 이용하여 조금은 강한 미끄러지는 동작으로 쓸어 내린다. 이는 교감신경을 구성하는 신경절을 자극하며 허리 림프의 배수를 돕는다.

7 손가락 또는 손바닥 전체를 이용하여 엉덩이(croup) 위쪽에 대고 가볍게 진동을 주며 흔들어 준다. 부드럽게 원을 그리며 엉덩이 위쪽을 쓰다듬어 준다. 이 동작은 순환을 증진시키고 림프 배수를 촉진하며 정체를 이완시켜준다. 또한 부교감신경의 자극으로 개는 더욱 편한 상태가 된다.

8 한 손은 엉덩이 위쪽을 지지하고 다른 손은 꼬리 밑 부분부터 꼬리 끝으로 천천히 만지며 쓸어 내린다. 한 손은 꼬리 시작점을 지지하고 다른 손으로 꼬리 끝이 궁둥이 방향을 향하도록 부드럽게 말아 준다. 수 초간 정지하여 꼬리 스트레칭을 돕는다. 다시 한 손은 엉덩이 위쪽을 지지한 상태로 꼬리를 부드럽게 시계 방향으로 2-3번 원을 그리며 돌려준다. 이어서 시계 반대 방향으로 2~3번 돌려준다. 꼬리 밑 부분부터 꼬리 끝까지 다시 천천히 만지며 쓸어 내린다.

9 이어서 좌골단 쪽을 양손 엄지 손가락을 이용해 원을 그리며 가볍게 풀어 준다.

10 다리 마사지를 시작한다. 꼬리와 궁둥이 마사지에 자연스럽게 이어지는 뒷다리를 먼저 시작한다. 한 손은 넓적다리 안쪽을 안정감 있게 지지해주고 다른 손으로 다리 바깥 면에 댄다. 다리 바깥 면을 손바닥 전체를 활용하여 주무른다. 이 동작으로 대퇴와 오금의 림프 배수를 도울 수 있다. 5~6회 주무르는 동작 후, 천천히 그리고 부드럽게 다리를 뻗을 수 있도록 돕고 또 다시 구부릴 수 있도록 하여 스트레칭 해준다. 다리 위부터 발끝까지 부드럽게 쓸어 내린 후, 손가락을 이용하여 발가락과 발바닥 패드를 마사지 해준다. 반대쪽 뒷다리, 그리고 앞다리도 동작을 차례대로 반복한다.

11 개와 눈을 마주치며 가벼운 칭찬과 함께 머리부터 등으로 가볍게 쓸어 내리는 동작 1~2회로 마사지를 마무리한다.

PART III

에센셜 오일

01 Lavender, True · 라벤더

학명	*Lavandula angustifolia, Lavandula officinalis, Lavandula vera*
과명	꿀풀과(Lamiaceae / Labiatae)
형태	창 모양의 은회색 빛을 띠는 녹색 잎을 가진 관목 상록수로, 줄기 위로 다양한 보라색의 꽃이 핀다. 높이 0.9m까지 자란다.
원산지	주요 생산지는 프랑스와 불가리아이다. 영국, 호주, 크로아티아, 헝가리 등에서도 생산된다.
추출부위	7월에서 8월에 수확하는 신선한 꽃대 윗부분을 사용한다. 꽃봉오리만을 추출할 때 가장 잘 정제된 라벤더 오일을 얻을 수 있다.
추출방법	수증기 증류법
향기	신선한 허브 향과 플로랄 향이 조화로운 부드러운 향이다.
향 노트	Middle Note

색상 무색 또는 연한 노랑색

주요 화학 구성과 평균 구성 비율

라벤더의 다른 주요 종인 스파이크 라벤더(L. latifolia)나 프렌치 라벤더(L. stoechas), 라반딘(L. x intermedia)과는 향이나 화학 구성 성분에서 차이가 있다. 트루 라벤더 또는 잉글리쉬 라벤더로 불리는 L. angustifolia의 주요 구성 성분은 다음과 같다.

- [esters] lynalyl acetate 30~60%, lavandulyl acetate 2~5%
- [monoterpene alcohols] linalool 30~40%
- [monoterpene hydrocarbons] cis-ocimene 1~17%
- [sesquiterpene hydrocarbons] β-caryophyllene 2~8%
- [oxides] 1,8-cineole 0.5~2.5%

치료적 특성

진정, 항우울, 불안 완화, 통증 완화, 항경련, 상처 치유, 항염, 항진균, 항박테리아, 강장

아로마테라피 적용

라벤더는 동물에게 사용하기 가장 안전한 오일로 꼽히며, 밝혀진 다양한 치료적 특성은 여러 증상에 폭넓게 적용할 수 있다.

- **피부** : 예민해진 피부에 진정작용을 하며, 모든 피부 타입에 사용이 가능하다. 통증을 덜어 주며, 염증은 줄여주고 예방한다. 전염성 피부염을 비롯하여 다양한 피부 문제의 회복을 돕는 상처 치유 작용으로 유용하게 사용할 수 있다.
- **신체** : 감기, 기침, 기관지염의 완화와 예방에 사용할 수 있다. 근육통, 류머티즘, 관절염 등 통증 완화에 도움을 주며, 혈압을 낮추는 작용을 한다. 약한 심장이나 짧은 숨, 탈진에 강장작용으로 전신을 강화시키고 생기를 불어넣는다.
- **신경정신계** : 뛰어난 신경안정작용으로 진정시킨다. 스트레스로 인한 경련, 신경긴장, 초조함, 정신산란, 과잉행동장애 등에 효과적으로 사용할 수 있다. 라벤더는 대상의 실질적 필요에 따라서 진정 또는 자극 작용의 수행이 가능한데 흥분과 불안 상태에서는 진정제로 작용하여 감정을 편안하게 해 주는 반면, 감정적으로 고갈되고 우울한 상태에서는 정신을 고무시키고 되살아나게 한다.

주의사항 일반적으로 무독성, 무자극, 비민감성으로 큰 주의사항은 없다.

02 Tea Tree · 티트리

- **학명** *Melaleuca alternifolia*
- **과명** 도금양과(Myrtaceae)
- **형태** 5~7m 정도 높이의 관목으로 바늘처럼 생긴 좁은 잎을 가진다.
- **원산지** 호주
- **추출부위** 잎
- **추출방법** 수증기 증류법, 물 증류법
- **향기** 상쾌하고 강한 투명한 느낌의 향이다.
- **향 노트** Top Note
- **색상** 무색에 가까운 연한 노랑색을 띠는 녹색

주요 화학 구성과 평균 구성 비율

- [monoterpene alcohols] terpinen-4-ol 30~48%, α-terpineol 2.8%
- [oxides] 1,8 cineole 3~15%
- [monoterpene hydrocarbons] γ-terpinene 10~28%, α-terpinene 9%, terpinolene 3.5%, ρ-cymene 2.7%, α-pinene 2.4%, limonene 1.5%

치료적 특성

항염, 항박테리아, 항바이러스, 항진균, 면역 자극, 방부, 살균, 살충

아로마테라피 적용

티트리 오일은 뛰어난 항바이러스, 항균 작용으로 감염에 대한 신체 방어력을 증진시킨다. 반려견의 다양한 피부질환에 매우 효과적으로 적용할 수 있는 대표적인 오일이다.

- **피부** : 여드름, 종기, 핫스팟, 벌레 물린 곳, 곰팡이성 피부, 아토피 등에 매우 효과적이다
- **신체** : 면역체계를 강화시켜 전염성 질병 및 피부병에 잘 걸리는 아이의 경우 도움이 된다. 회복이 느린 경우에 추천된다. 감기, 기침 등의 호흡계 질환에도 사용되며 이, 진드기를 매우 효과적으로 억제한다.
- **신경정신계** : 충격을 받은 경우와 공황상태인 경우 안정을 찾도록 돕고 활력과 자신감의 회복을 돕는다.

주의사항 일반적으로 무독성, 무자극이지만 개별적 자극 가능성이 있다. 티트리 오일이 동물에게 자극적이며, 독성이라는 사례는 많이 찾아볼 수 있다. 그러나 대부분의 경우 합성 또는 저가의 티트리 오일을 사용한 경우가 많으며, 섞음질되거나 품질이 낮은 오일, 산화된 티트리 오일은 확실하게 부작용과 자극을 초래할 수 있다. 좋은 품질의 티트리 오일을 선택하는 것은 매우 중요하다. 티트리 오일은 쉽게 산화되거나 성분이 변화할 수 있으므로 보관에 주의한다.

03 Orange, Sweet · 오렌지 스위트

학명	*Citrus sinensis*
과명	운향과(Rutaceae)
형태	평균 9~10m 정도의 높이의 상록수이다. 초록색 잎사귀에 작고 하얀 꽃이 피며 열매를 맺는다. 고대의 교배종으로 간주되는 오렌지의 기원은 포멜로(*Citrus maxima*)와 만다린(*Citrus reticulata*)으로 추정된다.
원산지	히말라야와 중국 남서부 지역이 원산지로 알려지며, 미국, 스페인, 이스라엘, 브라질, 호주 등에서 생산된다.
추출부위	과일 껍질
추출방법	냉압착법
향기	달콤하고 신선한 오렌지 향으로 따뜻한 느낌이 있다.
향 노트	Top Note
색상	짙은 노랑색에서 주황색

주요 화학 구성과 평균 구성 비율

[monoterpene hydrocarbons] limonene 95%, β-myrcene 3%, α-pinene 1%

치료적 특성

항우울, 불안 완화, 항진균, 방부, 소화 촉진

아로마테라피 적용

스마일 오일(smile oil)이라는 별명이 있는 오렌지는 따뜻함과 행복감을 주는 편안한 오일이다. 익숙하고 달콤한 오렌지의 향은 편안하게 작용한다.

- **피부** : 피부 진정, 노화 피부, 거친 피부, 굳은살, 건성 피부에 적용된다.
- **신체** : 순한 림프 순환과 지방 대사를 촉진하며, 노화 및 거친 피부에 도움이 되어 노견의 관리에도 추천된다. 어린 강아지의 배탈을 포함한 설사, 변비와 같은 여러 소화 문제에 추천되며, 과민성대장증후군, 만성 설사에 높은 효과를 보인다.
- **신경정신계** : 긴장을 완화시키고, 기분을 밝게 하고 겁 많은 강아지를 응원하며, 안정할 수 있도록 도와준다. 우울증, 불면증에도 도움이 된다.

주의사항 일반적으로 무독성, 무자극, 비과민성이다. 광독성은 없다. 산화가 잘되는 오일로 보관에 주의한다.

04 Patchouli · 패츌리

학명	*Pogostemon cablin*
과명	꿀풀과(Lamiaceae / Labiatae)
형태	곧게 뻗은 줄기와 큰 녹색 잎을 가지며, 흰색 또는 분홍빛의 작은 꽃들이 피는 향기로운 다년생 관목이다.
원산지	인도네시아에서 가장 많은 패츌리 오일을 생산하며, 그 외 필리핀, 말레이시아, 인도, 중국 등이 있다.
추출부위	살짝 말린 잎
추출방법	수증기 증류법
향기	나무의 뿌리를 연상시키는 향에 달콤한 풀 향, 섬세한 흙냄새가 섞여 풍부하고 달콤한 무게감이 있는 향을 가진다. 짙은 향과 함께 증발하는 내내 달콤함이 남는다. 곰팡이 냄새나 케케묵은 냄새를 포함해서는 안된다.

향 노트 Middle-base Note

색상 진한 오렌지 또는 진한 호박색을 띠는 갈색으로 점착성이 있다.

주요 화학 구성과 평균 구성 비율

- [sesquiterpene alcohols] patchouli alcohol 30~35%
- [sesquiterpene hydrocarbons] α-bulnesene 10~20%, α-guaiene 6~15%, seychellene 5~12%, α-patchoulene 2~7%, β-patchoulene 1~5%, caryophyllene 2~4%

치료적 특성

항우울, 진정, 항바이러스, 항염, 방부, 탈취, 방충

아로마테라피 적용

패츌리 오일의 독특한 향은 아로마테라피에서 그다지 선호되지 않을 수 있지만, 반려견에 매우 유용하게 쓸 수 있는 오일로 추천한다. 패츌리 오일의 주성분인 patchouli alcohol은 균을 억제하는 데 매우 효과적으로 여겨진다.

- **피부** : 노화 방지, 재생과 소독, 보습, 진정 효과로 피부의 국소관리에 탁월하다고 알려진다. 곰팡이성 피부, 진균성 피부 감염에 효과적으로 사용되며, 피부 갈라짐, 습진, 흉터, 염증 등 다양한 피부 문제에 폭넓게 사용된다. 지성 피부와 몸을 자주 긁는 아이를 위한 좋은 선택이며, 탈취에도 효과적이다. 기생충이 있는 경우 또는 해충 방지를 위해 추천된다.
- **신체** : 약한 몸 상태를 회복하는 데 선택될 수 있다.
- **신경정신계** : 패츌리 오일의 그윽한 달콤한 향기는 진정과 안정, 약간의 최면 작용을 한다. 긴장으로 인한 스트레스나 우울, 불안에 사용된다. 많은 양을 사용하면 오히려 자극이 될 수 있으므로 소량 사용하며, 다른 오일과의 블렌딩 시 더욱 효과적으로 패츌리 오일의 장점을 취할 수 있다.

주의사항 패츌리 오일은 오래 보존하여 사용이 가능한 오일이다. 일반적으로 무독성, 무자극, 비민감성이며, 독성에 관해서 가장 안전한 에센셜 오일 중 하나로 간주된다.

05 Lemon · 레몬

학명	*Citrus* x *limon*
과명	운향과(Rutaceae)
형태	초록색 잎사귀와 일 년 내내 열리는 노란 열매가 있는 키 작은 상록수이다.
원산지	원산지는 중국 남동부로 주요 생산지는 미국, 이탈리아, 스페인, 이스라엘, 아르헨티나이다.
추출부위	과일 껍질
추출방법	냉압착법
향기	신선하고 달콤한 레몬 향이다.
향 노트	Top Note
색상	연한 노란색에서 녹색

주요 화학 구성과 평균 구성 비율

- [monoterpene hydrocarbons] limonene 56~76%, β-pinene 6~17%, α-pinene 1~4%, γ-terpinene 3~13%, sabinene 1.5~4%
- [aldehydes] geranial 0.5~4%, neral 0.4~2%
- [coumarins] bergamottin 0.16~0.54%, bergapten 0.0001~0.0.35%

치료적 특성

항진균, 살균, 방부, 정화, 강장

아로마테라피 적용

레몬 오일은 뛰어난 살균효과가 있어 공기 중 소독, 탈취, 감기 예방 등의 목적으로 선호된다.

- **피부** : 지성 피부, 피지 과다 피부, 여드름, 종기, 사마귀에 사용된다. 사람의 경우 사마귀나 티눈 제거의 목적으로 예외적으로 원액을 적용하기도 하나, 동물에는 원액 사용을 하지 않는다.
- **신체** : 면역력을 강화하고, 해독, 신체의 건강한 조직을 보호하는 작용을 한다.
- **신경정신계** : 레몬 오일은 지나치게 자극하지 않으며, 마음을 열도록 도와준다. 집중력, 기분 전환이 필요할 때 추천된다.

주의사항

일반적으로 무독성, 무자극이다. 개별적으로 피부 자극이 있을 수 있으니 주의하고, 낮은 희석율로 사용한다. 피부 적용 후 햇빛 노출 시 염증, 발적을 일으키는 광독성이 있으므로 사용에 주의한다. 산화가 잘되는 오일로 보관에 주의한다.

06 Eucalyptus, Narrow-Leaf · 유칼립투스

학명	*Eucalyptus radiata*
과명	도금양과(Myrtaceae)
형태	강철수피(ironbark)로 알려진 단단하고 무겁고 내구성이 있는 키가 큰 상록수이다. *Eucalyptus radiata*는 좁은 폭의 잎을 가진다.
원산지	호주가 원산지로 중국, 스페인, 포르투갈, 남아프리카 등에서도 재배된다.
추출부위	잎
추출방법	수증기 증류법
향기	새로운 활기를 주는 신선하고 강력한 캠퍼 향
향 노트	Top Note
색상	무색 또는 연한 노랑색

주요 화학 구성과 평균 구성 비율

600여 종의 유칼립투스 중에서 20개 미만의 종이 상업적으로 이용된다. 1,8-cineole 함량을 주요 성분으로 지니며, 가장 많이 사용되는 대표적인 유칼립투스는 Blue Gum(*E. globulus*), Blue Mallee(*E. polybractea*), Narrow-Leaf(*E. radiata*), Gully Gum(*E. smithii*)이 있다. 주요 유칼립투스 에센셜 오일 중에서도 *E. radiata*가 어린이나 반려동물에 적용하기에 가장 안정적으로 적합하다.

- [oxides] 1,8 cineole 60~70%
- [monoterpene alcohols] α-terpineole 0~15%, piperitol 0.9~14.9%, geraniol 0.2~2.8%, terpinene-4-ol 1.5%
- [monoterpene hydrocarbons] α-pinene 2%, limonene 5~6%

치료적 특성

거담, 기침 완화, 통증 완화, 항진균, 항바이러스, 항박테리아, 살충

아로마테라피 적용

유칼립투스 오일은 공통적으로 공기 살균 정화, 해충 퇴치 작용을 한다. 면역계를 강화시키며 인플루엔자 대항력이 우수하고 거담작용이 뛰어나 호흡계 질환에 대표적으로 사용된다.

- **피부** : 진드기 살충 작용, 해충 방지제로 추천된다. 면역 시스템을 자극하고, 초기 염증 반응을 줄여준다.
- **신체** : 인플루엔자 대항력이 우수하고 뛰어난 진해, 거담작용으로 기관지염, 감기, 독감, 인후염에 사용된다. *E.radiata*는 특히 코, 목감기에 적합하며, 호흡기 질환 및 면역력 강화에 약한 농도로 발향하면 도움이 된다. 신경통, 근육통의 통증 완화에도 효과적으로 사용된다.
- **신경정신계** : 신선한 자극을 주며, 집중력 강화에 효과적이다. 우울감, 부정적인 감정들을 극복하고 활력을 되찾을 수 있도록 돕는다.

주의사항

일반적으로 무독성, 무자극, 비민감성이지만, 민감성 피부에는 낮은 희석율로 단기간 사용을 권한다. 반려견의 호흡기에 직접 닿지 않도록 주의한다.

07 Palmarosa · 팔마로사

학명	*Cymbopogon martini*
과명	벼과(Poaceae / Gramineae)
형태	좁은 잎의 뻣뻣한 줄기가 여러 개 뭉쳐서 자라는 다년생 풀이다.
원산지	인도, 세이셸, 코모로 제도, 마다가스카르 등에서 재배된다.
추출부위	신선한 또는 건조된 풀
추출방법	수증기 증류법
향기	달콤하며, 장미꽃과 같은 플로랄 향을 포함한 다양한 신선한 향을 가진다.
향 노트	Middle Note
색상	연한 노란색에서 연한 올리브색

주요 화학 구성과 평균 구성 비율

- [monoterpene alcohols] geraniol 70~85%, linalool 2~4%
- [esters] geranyl acetate 5~25%
- [sesquiterpene hydrocarbons] caryophyllene 1~2%

치료적 특성

항진균, 항바이러스, 항박테리아, 소화 촉진, 신경 강화, 방충

아로마테라피 적용

강력한 항바이러스, 항진균, 벌레 퇴치의 효과가 있으면서 피부에 부드럽게 적용할 수 있어 반려견을 위한 아로마테라피에 매우 유용하고 안전한 오일로 사용된다. 독특하고 상큼한 플로랄 향 역시 다른 꽃 오일을 대체할 수 있는 좋은 대안이 된다.

- **피부** : 강력한 항진균 효과는 피부의 다양한 진균과 염증에 추천되며 세포재생을 돕는다. 잘 낫지 않는 피부병, 경미한 피부염에 비교적 독성의 위험 없이 효과적으로 사용하기 좋다. 팔마로사는 수화(hydrating) 오일로도 추천되는데, 특히 건조하고 영양이 부족한 피부에 도움이 된다. 벌레 퇴치의 효과도 뛰어나 반려견의 산책 등에 적극 사용된다.
- **신체** : 관절염이 있는 반려견에 습포 또는 입욕으로 선택할 수 있다. 인도에서는 전통적으로 팔마로사 오일을 관절염 마사지에 사용해 왔다. 강력한 항박테리아 작용은 설사나 변비에 추천되며, 소화를 촉진시키고 식욕 부진에 권장된다. 장염, 방광염 등에 적용할 수 있다.
- **신경정신계** : 팔마로사 오일은 신경을 회복시키는 오일로 알려진다. 안절부절못하고 불안하거나 산만한 반려견에 추천된다. 감정을 진정시키는 동시에 기분을 좋게 끌어 올려준다.

주의사항 일반적으로 무독성, 무자극, 비과민성이다.

08 Lemongrass · 레몬그래스

학명 *Cymbopogon citratus* / *Cymbopogon flexuosus*

동의어(synonym)가 아니며, 서로 다른 두 가지 종에서 생산된다. *C. citratus*는 서인도 레몬그래스로, *C. flexuosus*는 동인도 레몬그래스로 구분한다.

과명 벼과(Poaceae / Gramineae)

형태 짧은 뿌리로부터 자라는 수많은 뻣뻣한 줄기로 이루어진 다년생 풀이다.

원산지 *C. citratus*의 원산지는 스리랑카, *C. flexuosus*의 원산지는 인도이며, 동남아시아를 비롯하여 전 세계적으로 널리 재배된다.

추출부위 신선한 또는 일부 건조시킨 풀

추출방법 수증기 증류법

| 향기 | 매우 강하고 상쾌한 풀 냄새와 허브 향, 시트러스 향을 가진다.
| 향 노트 | Middle Note
| 색상 | 노란색 또는 호박색으로 약간의 점성이 있다.

주요 화학 구성과 평균 구성 비율

- [aldehydes] geranial 45~55%, neral 25~28%
- [monoterpene hydrocarbons] myrcene 8~19%

치료적 특성

진통 완화, 진정, 항진균, 항박테리아, 항바이러스, 방부, 살충

아로마테라피 적용

벼룩, 진드기, 해충 방지에 뛰어난 효과를 가지는 레몬그래스는 반려견의 산책 스프레이에 자주 사용된다. 산책 스프레이로서의 장점은 단지 벌레 퇴치의 목적에만 있지는 않다. 근골격계의 결합조직을 단단하게 해 주는 레몬그래스의 효과는 운동으로 인한 근육의 피로를 예방하며, 상쾌한 기분과 활력을 주는 오일이다. 공기 소독 및 살균 효과가 뛰어나다.

- **피부** : 피부 토닉, 수렴 효과가 있으며, 다양한 피부감염 증상에 효과적이다. 피부에 적용 시 자극 또는 과민 반응을 유발할 수 있으므로 스킨케어의 목적으로는 추천하지 않는다. 충분히 낮은 희석율로 사용하거나 피부자극을 줄여줄 수 있는 다른 오일과 블렌딩하여 사용한다.
- **신체** : 레몬그래스는 소화를 촉진하여 소화불량이나 대장염, 위장염에도 사용된다. 근육 긴장, 통증, 관절염 및 류마티즘에 권장된다.
- **신경정신계** : 식욕이 없을 때, 다양한 이유로 너무 얌전히 있는 경우, 소심한 아이에게 적용하면 좋다. 레몬그래스는 활력을 주면서도 집중력을 높여 준다.

주의사항 일반적으로 무독성이지만, 피부에 자극과 과민성을 유발할 수 있으므로 블렌딩에 주의한다.

09 Peppermint · 페퍼민트

| 학명 | *Mentha* x *piperita* |

학명 *Mentha* x *piperita*

과명 꿀풀과(Lamiaceae / Labiatae)

형태 푸른 작은 잎의 강한 신선한 향이 나는 다년생 허브이다. 높이 100~130cm까지 자란다. x는 2종 간의 교배종을 뜻하며, 페퍼민트는 워터민트(*Mentha aquatic*)와 스피어민트(*Mentha spicata*)의 교배종이다.

원산지 남유럽이 원산지이며, 현재 미국이 주요 생산국이다.

추출부위 신선한 또는 부분적으로 건조된 잎에서 추출한다.

추출방법 수증기 증류법

향기 신선하고 강렬한 민트 향으로 달콤하며 깨끗한 느낌이다.

향 노트 Top Note

색상 연한 노랑색에서 연한 올리브색

주요 화학 구성과 평균 구성 비율

- [monoterpene alcohols] menthol 36~46%
- [monoterpene hydrocarbons] limonene 3%
- [ketones] menthone 15~25%, pulegone 1%

- [esters] menthyl acetate 3~9%
- [oxides] 1,8-cineole 3~8%

치료적 특성

통증 완화, 소화 촉진, 구풍, 신경 자극, 항박테리아, 항바이러스, 항진균, 살충

아로마테라피 적용

페퍼민트는 다른 오일의 침투력을 더욱 높여 주는 역할을 한다. 살균과 항바이러스에 뛰어나며 공간의 소독 및 리프레시용으로 자주 사용된다.

- **피부** : 자극이나 가려움증에 사용할 수 있으며, 열을 식혀 주고 새롭게 활기를 주는 피부강화 기능은 지루성 피부, 염증 등으로 붉어진 피부 토닉에 효과적이다. 다만, 피부에 자극이 될 수 있으므로 단일 사용보다는 다른 오일과 낮은 희석율로 블렌딩해서 사용하는 것을 권한다. 페퍼민트의 항진균 효과는 곰팡이성 피부염(ring worm)에 적용할 수 있다.

- **신체** : 페퍼민트는 효과적인 소화기 계통 오일로 손꼽히며, 소화불량이나 잦은 설사, 구역질에 효과적으로 사용된다. 차멀미로 침을 흘리거나 구토하는 개에게 추천한다. 감기, 감염 또는 해열에 사용할 수 있다. 페퍼민트 오일은 일반적으로 시원하게 식혀 주는 쿨링(cooling) 작용으로 알려진다. 이는 페퍼민트에 있는 멘톨(menthol) 성분에 기인하는데, 먼저 혈관 수축으로 인한 두드러지는 냉각효과가 나타나고, 이어서 혈관 확장과 발적 효과로 따뜻하게 워밍(warming)해 주며, 약간의 마취 작용이 동반된다. 근육통과 타박상에 진통 완화 작용이 있으며, 림프계 기능을 활성화시키고 림프 순환을 촉진시킨다.

- **신경정신계** : 페퍼민트는 정신적 피로를 해소하며, 뇌기능 강화 작용을 하는 세파릭(cephalic) 효과가 있다. 페퍼민트는 뇌의 과잉 혈액순환을 깨끗해지도록 지원하며, 순환을 자극함으로써 신경을 강화하고 진정시킨다. 훈련 시의 집중력 향상에 선택할 수 있는 오일이다. 공격적인 아이들을 진정(cool down) 하는 데 사용할 수 있다. 단, 무서워서 공격적인 경우에는 다른 오일을 사용한다.

주의사항

일반적으로 무독성에 무자극이지만 점막 부위에는 자극이 될 수 있으니 주의한다. 멘톨 성분이 비강점막수축 작용을 하여 일시적으로 호흡을 억제할 수 있으니 개의 코 부위에 직접 적용하지 않도록 주의한다.

10 Rosemary · 로즈마리

학명	*Rosmarinus officinalis*
과명	꿀풀과(Lamiaceae / Labiatae)
형태	작은 상록수 관목으로 향기 나는 두꺼운 바늘 모양의 잎을 가진다. 연청색의 꽃이 핀다.
원산지	대부분 스페인, 프랑스, 튀니지에서 생산된다.
추출부위	잎과 꽃, 잔가지
추출방법	수증기 증류법
향기	강하고 신선한 풀 향과 깨끗한 나무 향, 마른 풀 향이 난다.
향 노트	Middle Note
색상	무색 또는 연한 노랑색

주요 화학 구성과 평균 구성 비율

로즈마리는 3가지 주요 케모타입(chemotype)을 가지며, 화학적 조성에서 뚜렷이 차이를 나타낸다.

[Verbenone Type]

- [monoterpene hydrocarbons] α-pinene 15%, β-pinene 6%, camphene 4%, limonene 7%
- [ketones] verbenone 8~40%, camphor 1~13%
- [oxides] 1,8-cineole 25%
- [monoterpene alcohols] borneol 6%, α-terpineol 3~5%
- [esters] bornyl acetate 10%

[1,8-cineole Type]

- [monoterpene hydrocarbons] α-pinene 17%, β-pinene 5%, camphene 6%, limonene 3%
- [ketones] camphor 15%
- [oxides] 1,8-cineole 32%
- [monoterpene alcohols] borneol 3%, α-terpineol 3~5%
- [esters] bornyl acetate 1%

[Camphor Type]

- [monoterpene hydrocarbons] α-pinene 18%, β-pinene 5%, camphene 9%, limonene 4%
- [ketones] camphor 23%
- [oxides] 1,8-cineole 19%
- [monoterpene alcohols] borneol 3%, α-terpineol 3~5%
- [esters] bornyl acetate 3%

치료적 특성

두뇌 자극, 모발성장 촉진, 구풍, 강장, 항진균, 살충

아로마테라피 적용

로즈마리 오일을 사용할 때에는 용도에 따라 케모타입을 선택하여 사용할 수 있으며, 일반적으로 버베논 타입이 가장 자극이 적어 완만하게 사용된다. 로즈마리는 혈액순환을 촉진하여 저혈압 및 순환문제가 있을 때 추천된다. 신체기능을 향상시키는 강장제 및 회복 작용으로 널리 알려진다.

- **피부** : 로즈마리는 두피 혈액 순환을 자극하여 모발 성장을 촉진한다. 털이 많이 빠지는 아이, 비듬이 많은 경우나 부분 탈모가 있는 경우 매우 효과적으로 사용된다.
- **신체** : 특히, 고령견의 마사지나 산책 후의 근육 긴장 완화에 추천된다. 소화불량의 경우 장 활성 자극제로 사용할 수 있다. 시네올 타입의 로즈마리는 특히 호흡기 감염에 추천되며, 관절염, 류머티즘, 피곤한 근육 및 근육통에 사용할 수 있다.
- **신경정신계** : 중추신경계에 대한 자극 효과로 유명한 로즈마리는 집중력과 인지기능을 향상시키며, 신경쇠약이나 무기력에 활력을 불어넣는 목적으로 훌륭한 선택이 된다. 밤낮이 바뀐 경우 낮에 로즈마리 오일의 사용으로 깨어 있을 수 있도록 돕는다면 밤에 숙면을 취하는 데 도움이 된다.

주의사항 일반적으로 무독성, 무자극, 비민감성으로 간주되지만 혈압 상승의 작용이 있으므로 고혈압인 경우 사용하지 않는다. 특히, 캠퍼 타입의 경우 신경독성을 주의하며, 임신 기간, 뇌전증(간질)의 경우에는 사용하지 않는다.

11 Ylang ylang · 일랑일랑

학명	*Cananga odorata*
과명	변려지과(Annonaceae)
형태	일 년 내내 노란색 꽃이 피는 키가 큰 관목이다. 나무는 보통 재배된다.
원산지	아시아 남동지역이 원산지이며 주로 마다가스카르, 인도네시아에서 생산된다. 레위니옹 섬과 필리핀 등에서도 소량 생산된다.
추출부위	신선한 꽃 일랑일랑 에센셜 오일은 *Cananga Odorata*의 *genuina* 품종에서 생산된다. *macrophylla* 품종에서 생산되는 카난가 오일과 혼동하지 않도록 한다.
추출방법	수증기 증류법, 물 증류법
향기	강렬한 플로랄 향으로 짙은 달콤함을 가지며 부드럽다.
향 노트	Base Note
색상	연한 노란색

> **주요 화학 구성과 평균 구성 비율**

일랑일랑 오일은 분별 증류법에 의해 생산된다. 증류가 중지되었다가 다시 시작하기를 4~5차례 반복하며, 분리 수납에 따라 Extra, First, Second, Third Grade로 나누며, 바람직한 등급도 그 순서대로다. 일반적으로 사용되는 Complete Grade는 Extra와 First, Second를 일부 혼합하여 만든다.

[Extra Grade] 증류의 처음~1시간 이내

- [esters] benzyl acetate 12%, geranyl acetate 4%
- [ethers] methyl ether 8%
- [monoterpene alcohols] linalool 10%
- [sesquiterpene hydrocarbons] farnesen 18%, β-caryophyllene 7%, α-caryophyllene 3%

[First Grade] 증류 시작 후~3시간 이내

- [esters] benzyl acetate 4%, geranyl acetate 3%
- [ethers] methyl ether 3%
- [monoterpene alcohols] linalool 5%
- [sesquiterpene hydrocarbons] farnesen 17%, β-caryophyllene 11%, α-caryophyllene 4%

[Second Grade] 증류 시작 후 4~6시간 사이

- [esters] benzyl acetate 1%, geranyl acetate 2%
- [ethers] methyl ether 1%
- [monoterpene alcohols] linalool 3%
- [sesquiterpene hydrocarbons] farnesen 17%, β-caryophyllene 13%, α-caryophyllene 4%

[Third Grade] 증류 시작 후 6시간 후부터 최대 16시간까지

- [esters] benzyl acetate 0.5%, geranyl acetate 2%
- [ethers] methyl ether 0.4%
- [monoterpene alcohols] linalool 2%
- [sesquiterpene hydrocarbons] farnesen 21%, β-caryophyllene 16%, α-caryophyllene 9%

치료적 특성

불안 완화, 진정, 항우울, 혈압강하

아로마테라피 적용

일랑일랑은 진정 작용과 긴장의 이완이 뛰어난 오일이다. 반려견의 피부와 피모 모두 건강하게 관리할 수 있어 자주 사용된다.

- **피부** : 피부의 보습 작용을 하고 부드럽게 하며 피지 분비를 조절한다. 건성과 지성 피부 모두에 적용된다. 끝이 갈라지는 푸석하고 건조한 털의 관리에 추천된다. 민감한 피부나 손상된 피부에는 사용하지 않도록 한다.
- **신체** : 간질성 발작을 제어한다. 과한 호흡과 과민한 심장박동이 있는 경우 사용할 수 있다. 일랑일랑은 교감신경계를 억제하고 부교감신경계를 활성화시킴으로써 신체의 긴장을 풀고 이완시킨다.
- **신경정신계** : 많이 긴장해서 웅크리고 있는 경우, 긴장한 상태에 소량 사용한다. 쇼크나 불안, 분노, 좌절의 상태에 효과적이다.

주의사항 일반적으로 무독성, 무자극이지만, 개별 과민반응을 주의한다. 과도한 사용은 두통 및 메스꺼움을 유발할 수 있으므로, 베이스 노트로 소량 사용을 추천한다. 혈압을 낮추는 작용을 하므로 저혈압인 경우 주의한다.

12 Clary Sage · 클라리세이지

학명	*Salvia sclarea*
과명	꿀풀과(Lamiaceae / Labiatae)
형태	높이 30~120cm 정도의 다년생 허브이다. 하트 모양의 잎은 잿빛의 벨벳 같은 털이 있으며, 수많은 엷은 푸른색, 핑크, 보라색, 흰색의 꽃이 여러 개 모여서 핀다.
원산지	프랑스, 불가리아, 영국, 모로코, 러시아, 미국 등지에서 재배된다.
추출부위	꽃대 윗부분의 꽃과 잎에서 추출한다. 꽃만을 사용하여 추출 시 에스테르(ester) 함량이 높은 오일을 생산한다.
추출방법	수증기 증류법
향기	신선하고 달콤한 플로랄과 허브 향이다. 담배 또는 차와 같은 향이 기분 나쁘지 않게 미묘하게 난다.

향 노트 Middle Note

색상 무색 또는 연한 노랑색

주요 화학 구성과 평균 구성 비율
- [esters] linalyl acetate 60~70%
- [monoterpene alcohols] linalool 10~20%
- [diterpene alcohols] sclareol 1~3%

치료적 특성
진정, 항우울, 항경련, 항박테리아, 항진균, 혈압강하

아로마테라피 적용
클라리세이지는 병약한 상태를 회복하고 활력을 줌으로써 신체의 균형화를 유도한다. 즉, 차분히 안정시키고 긴장을 풀어 주면서도 회복을 도와주는 오일이다.

- **피부** : 지성 피부에 적합하며, 피지 분비 조절의 역할을 한다. 비듬이 많은 경우와 기름진 털에 사용한다.
- **신체** : 반려견이 생리를 건너뛰거나 완전히 없을 경우 고려할 수 있다. 클라리세이지는 중요한 여성 질환 치료 오일의 하나로 생리주기, 출산, 폐경기 모두에 도움이 된다. 클라리세이지의 릴랙싱 효과는 분만 시 나타나는 긴장과 불안을 경감시키도록 돕고, 진통 완화, 이완 및 분만 촉진 효과로 인해 도움이 된다. 근육경련이 있는 경우에 추천된다.
- **신경정신계** : 클라리세이지는 행복감(euphoric effect)을 주는 오일로 잘 알려져 있다. 신경과민, 불안, 스트레스, 긴장을 완화하는 데 도움이 되며, 정서적 쇼크나 공황상태에도 추천한다. 클라리세이지는 쇠약해진 신경계를 회복시킬 수 있는 대표적인 오일이다.

주의사항 클라리세이지는 일반적으로 무독성, 무자극, 비민감성으로 간주된다. 임신기간에는 사용하지 않는다.

13 Marjoram, Sweet · 마조람 스위트

학명	*Origanum majorana*
과명	꿀풀과(Lamiaceae / Labiatae)
형태	솜털로 덮인 잎을 가진 마조람은 연하고 무성하게 자라는 60cm 정도 높이의 다년생 허브이다.
원산지	이집트, 프랑스, 이탈리아, 튀니지, 모로코, 헝가리, 독일 등에서 재배된다.
추출부위	꽃과 잎
추출방법	수증기 증류법
향기	달콤한 허브 향으로 부드러운 나무 향의 언더톤과 함께 상쾌한 탑노트를 가진다.
향 노트	Middle Note
색상	무색 또는 연한 노랑색

주요 화학 구성과 평균 구성 비율

- [monoterpene alcohols] terpinen-4-ol 14~24%, α-terpineol 7~16%, linalool 2~10%
- [esters] lynalyl actetate 7.4~10.5%
- [monoterpene hydrocarbons] α-terpinene 14~19%, γ-terpinene 15%, cis-sabinene hydrate 4%, p-cymene 2%

치료적 특성

진정, 항경련, 통증 완화, 항진균, 항박테리아, 방부, 제음, 혈압강하

아로마테라피 적용

고대로부터 의약품 및 요리의 목적으로 사용되어 온 마조람은 다양한 종이 있어 혼란을 야기할 수 있다. 오레가노(*Origanum vulgare*), 팟 마조람(*Origanum onites*) 또는 타임 종에 속하는 스페니쉬 마조람(*Thymus mastichina*)과 혼동하지 않도록 한다. 마조람은 뛰어난 진정 작용을 가지며 감정의 회복을 돕는다.

- **피부** : 일반적인 스킨케어로는 잘 사용되지 않지만, 곰팡이성 피부 등의 피부감염에 사용할 수 있다.
- **신체** : 마조람은 소화를 촉진하고 변비를 완화시킨다. 진통제로 근육의 경련과 긴장을 완화시키고, 관절염이나 삐었을 때에도 추천된다. 마조람의 따뜻한 특성은 동상의 치료와 멍을 없애는 데 도움이 된다. 마조람은 발정기 수컷 개의 지나친 성 반응을 감소시키는 데 고려할 수 있다. 항경련 효과는 감기와 기침에 도움이 된다.
- **신경정신계** : 마조람은 교감신경을 낮추며, 부교감신경을 자극하여 진정과 이완에 매우 도움이 된다. 계속 움직이거나 짖는 등 스스로 통제가 안 되는 과잉행동을 보일 경우 추천된다.

주의사항

일반적으로 무독성, 무자극, 비민감성으로 여겨진다. 마조람의 과다 사용은 감정을 둔화시키고 졸음이 오는 마취효과가 있기 때문에 뛰어난 진정 특성을 남용하지 않도록 주의한다. 혈압을 낮추는 작용을 하므로 저혈압인 경우 주의하여 사용한다. 임신 기간에는 사용하지 않는다.

14 Cedarwood, Atlas · 시더우드 아틀라스

학명	*Cedrus atlantica*
과명	소나무과(Pinaceae)
형태	40m 정도 높이로 자라는 피라미드 형태의 상록수이다.
원산지	모로코와 알제리아의 북서부 지방인 아틀라스 산맥
추출부위	잘게 자른 나무, 그루터기, 톱밥, 뿌리 최상의 품질은 20~30년 된 나무 심재를 잘게 잘라 증류한 것으로 여겨진다.
추출방법	수증기 증류법
향기	캠퍼(camphor) 향의 탑노트와 끈끈한 나무 향의 언더톤을 가진다. 일반적으로 선호되는 향은 아니다.
향 노트	Top-middle Note
색상	노랑색 또는 오렌지색을 띠는 노랑색으로 점착성이 있는 편이다.

주요 화학 구성과 평균 구성 비율

- [sesquiterpene hydrocarbons] β-himachalene 30~40%, α-himachalene 10~16%, γ-himachalene 6~10%
- [sesquiterpene alcohols] himachalol 4%, isocedranol 3%
- [ketones] α-atlantone 5~13%
- [oxides] β-himachalene oxide 1%

치료적 특성

방부, 항염, 수렴, 살충

아로마테라피 적용

측백나무과의 시더우드 버지니아(*Juniperus virginiana*)와 향기와 성분은 다르지만, 치유적 특성은 매우 비슷하다. 해충 방지, 탈취, 피부염, 모질 개선 등 다양한 면에서 반려견에 유익하게 쓸 수 있는 오일이다.

- **피부** : 모든 유형의 피부염에 유익한 순환 및 자극 효과를 준다. 지루성 피부염, 습진, 비듬 완화, 모발 성장 촉진, 모질 개선에 추천되고 탈취제, 해충 방지용으로도 적합하다.
- **신체** : 축적된 지방 분해를 촉진, 림프 배수, 독소 배출을 돕는다. 순한 이뇨 작용으로 부종을 완화하고 혈액 순환을 촉진하며, 방광염과 요로감염 등에 사용할 수 있다. 시더우드 아틀라스는 뛰어난 점액 용해제로 기침, 만성 기관지염에도 추천된다.
- **신경정신계** : 시더우드 아틀라스는 스트레스, 불안, 긴장을 줄여주는 데 사용할 수 있다. 기운을 북돋으며 집중력을 강화시킨다.

주의사항

일반적으로 무독성, 무자극성, 비민감성이지만, 신경독성과 낙태 위험에 대한 논란이 있으므로 임신 중의 동물에는 사용하지 않는다.

15 Frankincense · 프랑킨센스

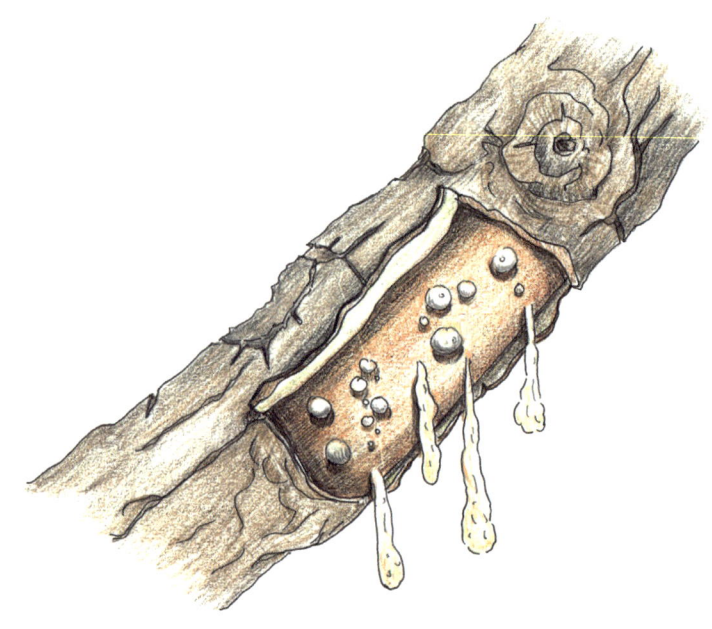

학명	*Boswellia sacra*
과명	감람과(Burseraceae)
형태	나무는 재배되지 않으며, 나무가 있는 지역에서 수지를 수집한다.
원산지	소말리아, 오만, 예멘 등의 중동 지역에서 생산된다. 최고의 프랑킨센스는 오만의 사막 일부 지역에서 자란다고 알려진다.
추출부위	수지(oleo gum-resin)
	수지는 나무껍질에서 생리적으로 배출되어 나오는 삼출액이 굳어서 형성된다. 칼로 수피를 베어 상처를 내면 우윳빛의 흰 액체가 스며 나온다. 액체는 연한 노란색이나 오렌지-적갈색의 결정체로 굳는다.
추출방법	수증기 증류법
	용매 추출법으로 추출하는 앱솔루트는 향수 산업에 사용되기도 한다.

향기 달콤한 나무 향과 수지에서 나는 발삼(balsamic) 향이 섞인, 약간은 레몬과도 같은 신선한 향이다.

향 노트 Base Note

색상 무색에서 연한 노랑색-호박색을 띤다.

주요 화학 구성과 평균 구성 비율

- [esters] octyl acetate 50~60%, incenysl acetate 3~4%
- [monoterpene hydrocarbons] α-pinene 1~4.6%, limonene 2%, α-thujene 0~1.5%
- [monoterpene alcohols] linalool 2%
- [sesquiterpene alcohols] octanol 3.5~12.7%

치료적 특성

진정, 항우울, 방부, 항박테리아, 항염, 거담, 상처 치유

아로마테라피 적용

20여 종의 *Boswellia* 중에서 일반적으로 사용되는 5가지 주요 프랑킨센스는 *B. sacra*, *B. carterii*, *B. frereana*, *B. papyrifera*, *B. serrata*가 있다. 프랑킨센스는 심리적인 문제를 비롯하여 피부의 상처 치료 및 호흡기 질환에도 자극 없이 적용되어 동물을 위한 아로마테라피에서도 가장 중요하고 자주 사용되는 오일 중 하나이다.

- **피부** : 프랑킨센스는 상처 치유 특성으로 잘 알려져 있다. 건조 피부, 노화 피부, 흉터나 상처 치료, 주름의 개선에 추천된다. 반려견 피부의 종기, 염증 부위에 적용하기 좋다.
- **신체** : 기관지염에 효과적이다. 깊고 충분한 호흡을 유도하므로 특히 심리적인 원인에 의해 유발되는 호흡곤란에 효과적이다.
- **신경정신계** : 불안하거나 겁이 많은 아이, 밀폐된 공간에 들어가는 것을 거부하는 경우, 천둥소리 같은 경험에 의한 공포 등에 추천된다. 프랑킨센스는 깊고 충분한 호흡을 유도하고 신경 긴장을 완화시켜 안정감을 준다. 불안, 불면증, 공황장애 등에 효과적이다.

주의사항 일반적으로 무독성, 무자극, 비민감성이다.

16 Chamomile, German · 저먼 캐모마일

학명	*Matricaria chamomilla, Matricaria recutita*
과명	국화과(Asteraceae / Compositae)
형태	단일 줄기에 깃털 모양의 잎을 가지며, 데이지와 같은 하얀 꽃이 피는 1년생 허브이다. 높이는 60cm 정도까지 자란다.
원산지	중부 유럽과 북유럽이 원산지로 헝가리, 독일, 불가리아, 벨기에, 스페인, 러시아 등에서 재배된다.
추출부위	말린 꽃봉오리 개화 초기에 에센셜 오일의 함량이 가장 높으며 40~45°C에서 건조시키면 마트리카린(matricarin) 성분의 보존이 가능하여 가장 이상적으로 알려진다.

추출방법 수증기 증류법

향기 강렬하고 허브 향과 플로랄 향이다. 저먼 캐모마일의 강렬하고 독특한 향은 일반적으로 편하게 선호되는 향은 아니다.

향 노트 Middle Note

색상 진한 잉크 빛의 푸른색. 저먼 캐모마일의 푸른색은 카마줄렌 성분에 기인한다.

주요 화학 구성과 평균 구성 비율

- [sesquiterpene hydrocarbons] chamazulen 2~35%, β-farnesene 2~43%
- [sesquiterpene alcohols] α-bisabolol 1~60%
- [oxides] α-bisabolol oxide A 0~55%, α-bisabolol oxide B 4~18%, bisabolone oxide A 0~63%

치료적 특성

항염, 항진균, 항박테리아, 살균, 상처 치유, 진정

아로마테라피 적용

저먼 캐모마일은 가장 온화한 오일 중의 하나로 어린이, 동물 치료에도 유용하게 사용된다.

- **피부** : 저먼 캐모마일의 chamazulene 성분은 탁월한 항염 작용을 한다. 아토피 피부염, 종기, 곰팡이성 피부 등 잘 낫지 않는 피부 문제에 효과적으로 사용할 수 있다. 습진, 두드러기, 벌레 물린 데, 건조하고 가려운 상태의 치료에 추천되며 알러지 반응을 진정시키는 데 도움을 준다.
- **신체** : 소화가 느리고 통증을 동반하는 소화불량에 추천된다. 염증을 동반한 통증에 효과적으로 작용하기에 방광염과 같은 이뇨기 감염에 유용하게 선택된다.
- **신경정신계** : 흥분하고 안절부절못하며 정서적으로 불안한 상태에 권장된다. 신경 긴장의 이완을 촉진하고 진정시킨다.

주의사항 일반적으로 무독성, 무자극, 비민감성으로 알려진다. 국화과 알레르기가 있는 경우에는 사용하지 않는다.

17 Chamomile, Roman · 로만 캐모마일

학명	*Chamaemelum nobile, Anthemis nobilis*
과명	국화과(Asteraceae / Compositae)
형태	무성한 줄기가 옆으로 퍼지며 데이지와 같은 하얀 꽃이 피는 다년생 허브이다. 높이는 30cm 정도까지 자란다.
원산지	서유럽이 원산지이며 영국, 벨기에, 프랑스, 헝가리에서 재배된다.
추출부위	꽃봉오리
추출방법	수증기 증류법
향기	따뜻한 느낌의 사과 향과 같은 과일 향을 포함하는 풍부하고 달콤한 허브 향이다. 확산이 잘 되는 향이지만, 오랫동안 남아 있지는 않는다.
향 노트	Middle Note
색상	연한 노랑색

주요 화학 구성과 평균 구성 비율

- [esters] isobutyl angelate 0~37%, butyl angelate 0~35%, isobutyl butyrate 0~20%, 3-methylpentyl angelate 0~22%
- [sesquiterpene hydrocarbons] chamazulene 0~4%

치료적 특성

불안 완화, 진정, 항경련, 항염

아로마테라피 적용

저먼 캐모마일과 유사한 치료적 특성을 가지고 있는 것으로 알려지지만 화학적 구성은 매우 다르다. 로만 캐모마일은 순한 에센셜 오일 중의 하나로 어린이, 동물 치료에도 유용하다.

- **피부** : 민감하고 붉은 피부, 건조한 피부에 추천된다.
- **신체** : 설사, 식욕 부진, 소화불량의 치료에 사용된다.
- **신경정신계** : 불안과 스트레스의 감소, 불면증에 효과적이다. 강박, 공격적인 아이의 긴장 완화 및 진정에 선택할 수 있다. 로만 캐모마일은 천식으로 인한 발작 시 응급 처치로 추천되기도 한다.

주의사항

일반적으로 무독성, 무자극, 비민감성이지만, 국화에 알레르기가 있는 경우 주의한다.

18 Cypress · 사이프러스

학명	*Cupressus sempervirens*
과명	측백나무과(Cupressaceae)
형태	길고 끝이 뾰족한 초록색 상록수이다. 사이프러스는 약 530만~180만 년 전인 플라이오세(Pliocene) 시대까지 거슬러 올라가는 극히 오래된 종으로, 나무의 수명도 매우 길다. 일부 사이프러스 나무의 나이는 2000년 정도로 추정된다.
원산지	지중해 연안이 원산지이며, 대부분의 사이프러스 오일은 프랑스에서 생산된다.
추출부위	잔가지와 잎(needles)
추출방법	수증기 증류법
향기	나무의 수지에서 나는 신선하고 달콤한 발삼(balsamic) 향

향 노트 Middle Note

색상 무색에서 연한 노랑색

주요 화학 구성과 평균 구성 비율

- [monoterpene hydrocarbons] α-pinene 20~52%, carene 15~20%, sabinene 3%, terpinolene 2~6%, limonene 2~6%
- [sesquiterpene alcohols] cedrol 2~7%

치료적 특성

방부, 수렴, 지혈, 탈취

아로마테라피 적용

반려견과 함께 숲 속을 산책하는 기분을 선사해 주는 상쾌한 나무 향의 사이프러스는 특히 나이 든 개를 위한 마사지와 스파에 추천한다.

- **피부** : 지성, 여드름 피부에 추천된다. 탈취 및 소독 스프레이로도 효과적이다.
- **신체** : 울혈 제거, 순환 장애, 부종에 효과적이며, 기관지염과 기침에 사용한다.
- **신경정신계** : 사이프러스는 정신적 부담을 받는 신경계를 강화하고 안정과 회복을 돕는다. 당황하거나 좌절, 분노한 경우의 진정 작용을 하며, 용기가 없을 때 기운을 주고 활력을 북돋아 준다.

주의사항 일반적으로 무독성, 무자극, 비민감성이다. 사이프러스 오일은 산화되기 쉬우며, 오래되거나 산화된 오일은 피부에 민감하게 작용할 수 있으므로 주의한다.

19. Juniper Berry · 주니퍼베리

| 학명 | *Juniperus communis* |

| 과명 | 측백나무과(Cupressaceae) |

| 형태 | 12m 정도 높이의 나무로 청록색 침엽, 노란 꽃을 피우며 작은 열매가 열린다. 열매는 첫해에는 초록색이고, 2년째에는 검은색을 띤다. 열매가 익는 데 3년 정도 소요된다.

| 원산지 | 이탈리아, 프랑스, 독일, 캐나다, 스페인, 네팔 등에서 생산된다.

| 추출부위 | 잘 익은 열매(berries)

| 추출방법 | 수증기 증류법

최고의 주니퍼베리 오일은 잘 익은 신선한 열매 또는 건조된 잘 익은 열매를 수증기 증류하여 얻어진다.

| 향기 | 신선하고 따뜻한 발삼(balsamic) 향이 풍부하며, 소나무와 솔잎과 같은 향이 있다.

| 향 노트 | Middle Note

| 색상 | 무색 또는 투명한 연한 노랑색

주요 화학 구성과 평균 구성 비율

- [monoterpene hydrocarbons] α-pinene 34%, sabinene 27%, myrcene 5%, p-cymene 5%
- [monoterpene alcohols] terpinen-4-ol 4%
- [oxides] 1,4 cineole 4%

치료적 특성

이뇨, 정화, 구풍, 수렴, 강장

아로마테라피 적용

이뇨, 해독 작용이 뛰어난 주니퍼베리는 독성을 깨끗하게 정화한다.

- **피부** : 울혈 상태, 여드름, 피부병, 진물 습진, 염증 등 독소 축적으로 인해 초래되는 피부 질환에 해독, 항균 작용을 한다. 지성 피부, 지치고 활력 없는 피부에 이상적이다.
- **신체** : 훌륭한 이뇨제로 요로감염, 방광염에 효과적으로 사용될 수 있다. 몸에 독소가 많이 쌓인 경우에 독소 배출에 효과적이다. 관절염이나 류머티즘에 사용을 권장하며, 근육통, 부종, 비만 등에 사용될 수 있다. 붓고 복통을 동반하는 만성 소화불량에 효과적이다.
- **신경정신계** : 무기력하거나 소심하고 긴장한 아이에게 활력을 주고 기분을 향상시킨다. 정신적 과로한 경우, 신경 피로와 긴장이 있는 경우 추천된다.

주의사항 일반적으로 무독성, 무자극, 비민감성이다. 임신 중의 동물이나 신장병이 있는 경우는 사용하지 않는다. 주니퍼베리는 산화되기 쉬운 오일로 잘 보존된 신선한 오일을 사용한다.

20 Geranium · 제라늄

학명	*Pelargonium graveolens*
과명	쥐손이풀과(Geraniaceae)
형태	향기 나는 잎에 털이 많은 다년생 관목성 식물이다.
원산지	남아프리카가 원산지로 알려지며 중국, 이집트, 레위니옹, 인도에서 주로 생산된다. 로즈 제라늄이라 불리는 마다가스카르의 레위니옹 섬에서 생산되는 버번(Burbon) 제라늄이 가장 이상적으로 알려진다.
추출부위	잎
추출방법	수증기 증류법
향기	허브 향과 달콤한 장미 향이 풍부하게 난다.
향 노트	Middle Note

색상 연한 노랑에서 연한 올리브색

주요 화학 구성과 평균 구성 비율

제라늄 오일은 다양한 *Pelargonium* 종에서 추출된다. 제라늄 오일을 생산하기 위한 재배품종은 *P. graveolens, P. capitatum, P. radens* 같은 종에서 개발되었다. 제라늄 오일은 쉽게 섞음질되는 것으로 알려진다. 제라늄 오일의 화학 구성 비율은 원산지에 따라 상당한 차이가 있을 수 있으며, 보통 원산지명을 앞에 붙여 구분한다.

[레위니옹]
- [monoterpene alcohols] linalool 3~13%, citronellol 20~47%, geraniol 7~30%

[이집트]
- [monoterpene alcohols] linalool 0.5~8%, citronellol 24~28%, geraniol 15~18%

[중국]
- [monoterpene alcohols] linalool 3%, citronellol 36~39%, geraniol 8%

치료적 특성

항우울, 불안 완화, 항진균

아로마테라피 적용

제라늄 오일은 불안감과 스트레스를 줄이는 데 매우 효과적이며, 특유의 복잡한 아로마는 심리적 균형을 잡는 데 도움이 되고, 다른 오일들과 어우러져 조화로운 블렌딩을 돕는다.

- **피부** : 향기로운 향과 피지 생성에 대한 균형 작용으로 피부에 적용하기 좋다. 곰팡이성 피부염, 지루성 피부와 건조한 피부에 모두 적용된다.
- **신체** : 반려동물의 기분 전환을 위한 마사지와 스파에 추천한다.
- **신경정신계** : 스트레스, 불안감, 신경성 피로감에 효과적으로 추천된다. 자신감이 부족하거나 불안, 우울한 동물의 마음에 안도감과 평온함을 주어 정서적 균형 회복을 도와준다.

주의사항 일반적으로 무독성, 무자극적이지만 민감성 피부에는 주의한다.

21 Grapefruit · 그레이프프룻

학명	*Citrus paradisi*
과명	운향과(Rutaceae)
형태	30m 높이까지 자라는 큰 나무로, 윤기 나는 초록색 잎과 커다랗고 노란 열매가 열린다.
원산지	미국이 원산지인 유일한 시트러스 종이다. 미국, 서인도 제국, 브라질, 이스라엘, 아르헨티나 등에서 재배된다.
추출부위	과일 껍질
추출방법	냉압착법
향기	신선하고 달콤한 시트러스 향
향 노트	Top Note
색상	노란색에서 연한 초록색 또는 연한 오렌지색

주요 화학 구성과 평균 구성 비율

그레이프프룻 오일의 주요 성분은 limonene이지만, 향과 맛을 특징짓는 중요한 성분은 nootkatone으로 알려진다.

- [monoterpene hydrocarbons] d-limonene 82~95%, β-myrcene 1~4%
- [ketones] nootkatone trace 0~1%

치료적 특성

항우울, 항박테리아, 항진균, 방부, 이뇨

아로마테라피 적용

그레이프프룻 오일의 특성은 레몬과 유사하면서도 피부에 자극적이지 않아 반려견에 적용하기에 더욱 추천된다. 순환 촉진을 위한 마사지 오일로 또는 피부 트러블의 관리, 이뇨 및 해독을 필요로 할 때에 다른 오일들과 함께 훌륭한 블렌딩 시너지를 만든다.

- **피부** : 그레이프프룻은 지성 피부와 피부 트러블에 효과적으로 적용할 수 있다. 피부를 강화시키고 깨끗하게 한다.
- **신체** : 림프 자극으로 순환을 촉진하여 체액의 정체를 해소한다. 비만견이나 부종이 있는 경우 추천된다. 이뇨와 해독 작용이 있다.
- **신경정신계** : 의식 회복의 효과가 있고, 우울하고 무기력한 상태의 기분을 끌어올려 좋아지게 한다. 스트레스, 우울함, 탈진된 상태에 추천된다.

주의사항

일반적으로 무독성, 무자극, 비과민성이며, 광독성은 약하다. 산화가 잘되는 오일로 보관에 주의한다.

Bergamot · 버가못

학명	*Citrus bergamia*
과명	운향과(Rutaceae)
형태	보통 4~5m 정도로 재배되는 작은 상록수로 타원형의 약간 길쭉한 초록 잎과 꼭지 부분이 돌출된 서양배 모양 또는 둥근 모양의 열매를 가진다. 껍질 표면은 약간 울퉁불퉁하며, 열매는 초록빛을 띠다가 익으면서 노란색, 주황색으로 바뀐다.
원산지	이탈리아에서 거의 독점적으로 재배된다.
추출부위	약간 덜 익은 열매의 껍질
추출방법	냉압착법
향기	신선한 시트러스 향과 과일의 따뜻하고 달콤함이 어우러진 발사믹한 향
향 노트	Middle Note
색상	연한 에메랄드 색에서 올리브 녹색

주요 화학 구성과 평균 구성 비율

버가못은 다른 시트러스 오일과 비교했을 때 훨씬 적은 limonene 함량을 가지며 linalyl acetate 등의 더 높은 ester 함량을 가진다. 버가못은 광독성을 주의해야 하는 오일로 bergapten, bergamottin 등의 푸로쿠마린 성분을 가진다.

- [esters] linalyl acetate 23~35%
- [monoterpene hydrocarbons] limonene 30~50%, β-pinene 5~10%, γ-terpinene 6~18%
- [monoterpene alcohols] linalool 6~15%
- [coumarins] bergapten 0.11~0.33%, bergamottin 0.08~0.68%

치료적 특성

불안 완화, 항우울, 항진균, 항박테리아, 항바이러스, 소화 촉진

아로마테라피 적용

버가못은 비터오렌지와 레몬 사이의 잡종 또는 레몬의 돌연변이로 알려진다. 버가못의 기원은 다소 모호하지만, 상업적인 재배는 1690년쯤 이탈리아 남서부에서 시작되었다. 버가못 열매는 너무 신맛으로 먹을 수 없기에 주로 에센셜 오일의 생산 목적으로 재배된다. 버가못 오일은 향수에 자주 사용되며, 얼그레이 차에 첨가된다. 다른 시트러스 오일들과 공통적으로 순환을 촉진하고 소화를 도우며, 기분을 좋게 한다.

- **피부** : 지성과 복합성 피부에 적합하며, 효과적인 살균제로 피부의 종기, 여드름, 피부염 등에 적용할 수 있다. 습진과 건선의 치료에도 추천된다.
- **신체** : 생식기 부위의 문제들, 기관지염 등의 초기 단계에 감염의 확산을 막기 위해 적용할 수 있다. 소화가 잘 되지 않는 경우 특히 감정과 관련된 신경성 소화불량과 식욕 상실에 추천된다. 바이러스의 활성을 억제시키면서 면역력을 높여줄 수 있다.
- **신경정신계** : 버가못은 진정되고 이완되는 효과를 가지면서 활력을 줄 수 있는 오일이다. 쉽게 분노하거나 긴장하는 반려견의 감정 조절을 도울 수 있고, 무기력함과 우울증에도 추천된다.

주의사항

일반적으로 무독성, 무자극, 비과민성이다. 광독성이므로 적용 시간과 양에 주의한다. 피부에 사용 시 0.4% 이상 희석하지 않는 것을 추천하며, 적용 후 12시간 정도는 자외선에 노출하지 않는다. 다만, 광독성의 우려는 비누나 샴푸, 입욕제와 같은 세정 제품에는 해당되지 않는다.

23 Everlasting · 에버라스팅

학명	*Helichrysum italicum, Helichrysum angustifolium*
과명	국화과(Asteraceae / Compositae)
형태	50cm 정도 높이까지 자라는 작은 방향성 관목으로 노란색 꽃을 피운다.
원산지	프랑스, 이탈리아, 여러 지중해 국가
추출부위	꽃대
추출방법	수증기 증류법
향기	달콤한 과일 향과 차(tea) 냄새 같은 특유의 독특하고 강한 향을 가진다.
향 노트	Middle Note

색상 연한 노랑색

주요 화학 구성과 평균 구성 비율

- [esters] neryl acetate 34~39%
- [monoterpene hydrocarbons] limonene 7%, α-pinene 3%
- [sesquiterpene hydrocarbons] γ-curcumene 7%
- [monoterpene alcohols] nerol 3%
- [ketones] italidone 6%
- [oxides] 1,8-cineole 1%

치료적 특성

항염, 항박테리아, 방부, 상처 치유, 거담

아로마테라피 적용

헬리크리섬 또는 이모르뗄(Immortelle)이라고도 부른다. 에버라스팅은 수확량이 적어 섞음질의 위험성이 높다. 아로마테라피에 적용 시 특유의 독특한 향이 매우 강하게 확산되는 점을 고려한다. 에버라스팅의 신체 치유적 가치는 매우 뛰어나다.

- **피부** : 항염 및 상처 치료에 탁월한 효과를 가지며 통증을 감소시킨다. 다양한 형태로 대부분의 동물에 적용이 가능하다. 만성 및 급성 피부염에 모두 추천되며 흉터 감소에도 효과적이다. 타박상의 치료에도 사용할 수 있다.
- **신체** : 류머티즘, 관절염, 긴장된 근육에 사용할 수 있다. 거담, 기침 등의 호흡기 증상에도 유익하다.
- **신경정신계** : 우울증, 무기력, 스트레스를 완화시킨다. 주눅 든 아이, 애정결핍, 학대 경험이 있는 경우에 사용을 추천한다.

주의사항 일반적으로 무독성, 무자극, 비민감성이다.

24 Petitgrain · 페티그레인

학명	*Citrus* x *aurantium*
과명	운향과(Rutaceae)
형태	높이 7m 정도의 상록수로, 가지에는 날카롭지 않은 긴 가시가 있다. 매우 향기로운 흰 꽃이 피며, 주황색의 열매가 열린다.
원산지	프랑스, 파라과이, 중국 남부, 인도, 이탈리아, 스페인, 아이티 등에서 재배된다. 대부분의 페티그레인 오일은 파라과이에서 생산된다. 프랑스의 페티그레인 오일은 'Petitgrain Bigarade'로 구별되어 불리는데, 프랑스산 오일이 최상의 품질로 여겨지는 이유는 프랑스의 생산자들이 어린 가지나 열매를 함께 사용하지 않고 잎만을 사용하기 때문이다.
추출부위	잎
추출방법	수증기 증류법

| 향기 | 기분 좋은 상쾌하고 달콤한 꽃 향과 나무 향이 어우러진다.
| 향 노트 | Middle Note
| 색상 | 연한 노란색 또는 호박색

주요 화학 구성과 평균 구성 비율

페티그레인 오일의 품질을 정의하는 가장 중요한 성분은 linalyl acetate으로, 예를 들면 프랑스에서 생산된 오일의 linalyl acetate 비율은 64~68%이며 파라과이에서 생산되는 오일의 linalyl acetate 비율은 통상 35~55%이다.

- [esters] linalyl acetate 46~70%
- [monoterpene alcohols] linalool 19~29%, α-terpineol 5~8%
- [monoterpene hydrocarbons] myrcene 1~6%

치료적 특성

항박테리아, 항진균, 항경련, 항우울, 소화 촉진, 탈취

아로마테라피 적용

레몬, 버가못, 만다린 등 다른 감귤류의 잎에서 채취된 오일도 페티그레인으로 표기할 수 있다. 비터오렌지 나무의 잎은 허브로는 사용되지 않지만, 페티그레인 오일은 주요 향수 및 식품 제품의 향 성분으로 중요한 원료이다. 항박테리아, 항진균을 비롯해 탈취, 소화 촉진, 신경 안정 등의 다양한 작용으로 반려견의 아로마테라피에 사용될 수 있다.

- **피부** : 강력한 항박테리아 작용과 항진균 작용을 보이는 페티그레인은 반려견의 다양한 병원성 진균에 추천된다. 피지선의 지나친 활동을 감소하므로 피지 과다를 조절하고, 탈취성이 뛰어나 입욕제로도 추천된다.
- **신체** : 소화를 촉진하고, 소화불량의 치료에 권장된다. 경련을 완화시킨다.
- **신경정신계** : 페티그레인은 신경 안정 효과를 가진다. 예민하게 곤두서 있는 감정 상태, 긴장 상태의 피로와 스트레스에 추천된다. 긴장을 완화시키는 동시에 활력을 주는 오일로, 분리 불안이 있는 반려견에 추천된다.

주의사항 일반적으로 무독성, 무자극, 비과민성이다.

25 Neroli · 네롤리

학명	*Citrus* x *aurantium*
과명	운향과(Rutaceae)
형태	높이 7m 정도의 상록수로 가지에는 날카롭지 않은 긴 가시가 있다. 매우 향기로운 흰 꽃이 피며, 주황색의 열매가 열린다.
원산지	튀니지, 모로코, 이집트, 프랑스, 이탈리아 등에서 생산된다.
추출부위	갓 수확한 신선한 꽃 꽃이 부패하면서 불쾌한 냄새가 나므로 수확하면 즉시 증류하는 것이 중요하다.
추출방법	수증기 증류법
향기	밝고 상쾌한 시트러스 및 풀 향을 띠는 강력하면서도 달콤한 플로랄 향이다. 네롤리 오일은 올바르게 보관되지 않으면 금방 신선한 향을 잃어버린다.
향 노트	Top-Middle Note
색상	연한 노란색으로, 시간이 지남에 따라 오일의 색이 짙어지고 점성이 높아진다.

주요 화학 구성과 평균 구성 비율

1kg의 네롤리 오일을 생산하기 위해서는 신선한 오렌지 꽃 1,000kg 정도가 필요하

기에 생산 비용이 높고 고가에 거래된다. 네롤리는 일반적으로 섞음질의 위험성이 매우 높은 오일로 섞음질된 오일에는 아로마테라피에서 피해야 하는 많은 합성물질이 사용되므로 주의한다.

- [esters] linalyl acetate 4~12%, geranyl acetate 3~4%, neryl acetate 2%, methyl anthranilate 1~2%
- [monoterpene alcohols] linalool 30~55%, nerol 2~6%, α-terpineol 1~5%, geraniol 1~3%
- [sesquiterpene alcohols] nerolidol 1~4%
- [monoterpene hydrocarbons] d-limonene 6~16%, β-pinene 4~13%, β-ocimene 5~7%

치료적 특성

불안 완화, 진정, 항우울, 항진균, 항박테리아

아로마테라피 적용

네롤리 오일은 여러 시트러스 종의 꽃에서 생산되는데, 비터오렌지 나무의 꽃에서 생산된 오일을 오렌지 플라워 오일 또는 'Neroli Bigarade'으로 부른다. 꽃에서 소량 추출되는 네롤리 오일은 고가이지만, 소량의 블렌딩으로도 반려견과 함께 더욱 풍부한 아로마테라피를 즐길 수 있을 것이다. 특히, 네롤리 하이드로렛(orange blossom water 또는 neroli water로도 불린다)은 아기와 유아들에게도 사용이 권장된다. 네롤리 오일의 수용성 성분이 네롤리 하이드로렛에도 미량 함유되어 있어 적극 추천된다. 어린 강아지의 소화문제나 진정, 피부 진정을 위한 입욕에 추천된다.

- **피부** : 네롤리 오일은 알러지를 유발하지 않는 것으로 알려진다. 자극 받은 피부를 진정시키며, 건성 피부를 포함 모든 피부 타입에 사용이 가능하다. 항염증 작용이 있으며, 피부의 세포 재생을 촉진한다.
- **신체** : 신경성으로 인한 설사가 잦은 반려견에 추천된다.
- **신경정신계** : 네롤리 오일은 가장 효과적인 진정제 및 항우울제로 알려진다. 심각한 우울증에 추천되며, 놀랐을 때나 심리적 동요가 있을 때의 진정으로 효과적이다. 불안과 스트레스를 줄이는 데 도움이 되며, 특히 반려견이 긴장하고 차분하지 못한 상태에 추천된다.

주의사항

일반적으로 무독성, 무자극, 비과민성이다.

26 Vetiver · 베티버

학명	*Vetiveria zizanoides*
과명	벼과(Poaceae / Gramineae)
형태	키가 크고 조밀하게 다발로 자라는 다년생 풀로, 광범위하게 뻗어 나가는 튼튼한 뿌리줄기와 촘촘한 잔뿌리를 가진다.
원산지	원산지는 인도이며 자바, 세이셸, 레위니옹, 브라질, 아이티, 일본 등에서 재배된다. 레위니옹의 베티버는 'Burbon Vetiver'라 불리며 최상품으로 여겨진다.
추출부위	씻어서 말린 잘게 조각 낸 잔뿌리줄기

추출방법 수증기 증류법

향기 뿌리에서 나는 비에 젖은 흙냄새의 그윽함과 달콤하고 진한 나무 향이 어우러진다.

향 노트 Base Note

색상 진한 호박색 또는 진한 올리브 빛 갈색의 점성이 있는 오일이다.

주요 화학 구성과 평균 구성 비율

베티버 오일은 가장 복잡한 화학 구성을 가지는 오일 중 하나로, 알려지지 않은 성분을 포함한다.

- [sesquiterpene alcohols] khusimol(zizanol) 10~14%, vetiselinenol 1~8%, cyclocopacamphan-12-ol 1~6.7%
- [sesquiterpene hydrocarbons] β-vetivene 0.2~5%, β-vetispirene 1.5~4.5%
- [ketones] α-vetivone 2~6%, β-vetivone 2~5%

치료적 특성

항염, 불안 완화, 진정, 강장, 살충

아로마테라피 적용

베티버는 일반적으로 많이 사용되는 오일은 아니지만, 반려견에 효과적으로 적용되는 특성들과 함께 베이스 노트로서의 역할을 충실히 할 수 있다.

- **피부** : 베티버 오일은 신체의 결합 조직을 강화하는 효능으로 알려져 노견의 약해지고 느슨해진 피부에 추천된다. 베티버는 살충 효과가 매우 뛰어난 것으로 보고된다.
- **신체** : 가벼운 발적 작용을 기대할 수 있다. 적용 부위를 따뜻하게 하여 산소와 영양분의 공급을 증가시킨다. 관절염이나 근육통에 추천된다.
- **신경정신계** : 스트레스, 불안, 우울증에 효과적인 베티버 오일은 완전히 지치고 고갈된 상태에서 회복을 도와준다. 강박적인 행동을 보이는 반려견의 정서적 안정을 돕는다.

주의사항 일반적으로 무독성, 무자극, 비과민성이다.

27 Myrrh · 미르

학명	*Commiphora myrrha*
과명	감람과(Burseraceae)
형태	약 4m 높이까지 자라며, 억세고 마디가 있는 가지에 가시가 많다. 세 개의 쪽 잎으로 된 잎과 작고 하얀 꽃을 가진다.
원산지	아프리카 북동부와 아라비아 남부가 원산지로, 소말리아, 에티오피아, 케냐, 예멘, 오만 등에서 생산된다.
추출부위	수지(oleo gum-resin)

미르나무의 자연적인 균열 또는 상처에서 흘러나오는 수지는 걸쭉한 연노랑 액체가 마르고 굳으면서 노란색 또는 갈색의 불규칙한 둥근 알갱이로 뭉쳐진다.

추출방법 수증기 증류법

향기 톡 쏘는 발삼 향과 신선한 스파이시 향이 어우러지는 따뜻하고 그윽한 나무 향

향 노트 Base Note

색상 연한 노란색에서 연한 호박색

주요 화학 구성과 평균 구성 비율

- [sesquiterpene hydrocarbons] lindestrene 12%, β-elemene 8%, Germacrene D 3%, δ-elemene 2%
- [monoterpene hydrocarbons] furanoedudesma-1,3-diene 34%, furanodiene 19%

치료적 특성

상처 치유, 방부, 항염, 거담, 진정

아로마테라피 적용

'몰약'으로 불리는 미르는 알려져 있는 아로마 물질 중 가장 오래된 것 중의 하나이다. 미르는 전통적으로 소독, 거담, 항경련, 상처 치료 등에 사용되어 왔다.

- **피부** : 미르 오일의 소독, 수렴 및 항염 특성은 특히 잘 낫지 않는 만성 상처나 진물이 나는 습진 등에 도움이 된다. 노견의 피부 케어에 추천된다.
- **신체** : 위장 기능을 촉진하여 소화불량, 설사, 식욕 감퇴 등의 증상에 추천된다. 미르는 뛰어난 거담제로 감기의 치료에 사용된다.
- **신경정신계** : 심리적 안정과 평온함을 준다. 정신이 산만한 강아지에 추천된다.

주의사항 일반적으로 무독성, 무자극, 비민감성이다. 태아 독성에 대한 논란이 있으므로 임신 중의 동물에 사용하지 않는다.

28 Ginger · 진저

학명	*Zingiber officinale*
과명	생강과(Zingiberaceae)
형태	열대성 다년생 허브로 굵은 뿌리줄기와 갈대 같은 줄기, 창 모양의 잎, 자주 빛이 섞인 노란색 꽃을 가지며 0.6~1.2m까지 자란다.
원산지	원산지는 인도이며, 중국, 동남 아시아, 호주, 아프리카 등 열대 지방에서 재배된다.
추출부위	껍질을 벗기지 않은 말린 뿌리줄기(rhizome)
추출방법	수증기 증류법, CO_2 추출법

| 향기 | 신선한 우디향, 따뜻하면서 매콤한 탑노트와 함께 달콤하고 부드러운 향이다.

| 향 노트 | Top Note

| 색상 | 밝은 호박색

| 주요 화학 구성과 평균 구성 비율 |

CO_2 추출한 진저 오일에는 날카롭고 톡 쏘는 진저 특유의 성분인 gingerol과 shogaol을 함유하고 있으며, 수증기 증류된 에센셜 오일에서는 이러한 성분을 함유하지 않는다.

- [sesquiterpene hydrocarbons] zingiberene 38~40%, β-sesquiphellandrene 7.2%, β-bisabolene 5.2~6%
- [oxygenated sesquiterpene hydrocarbons] ar-curcumene 17%
- [monoterpene hydrocarbons] camphene 4.5~4.7%

| 치료적 특성 |

소화 촉진, 구토 억제, 통증 완화, 항염, 거담

| 아로마테라피 적용 |

진저는 고대부터 향신료 이외에도 약용식물로 평가받았으며, 보편적으로 전통 의학에 사용되어 왔다. 일반적으로 아로마테라피에서 언급되는 치료적 특성은 CO_2 추출한 에센셜 오일에 해당된다.

- **피부** : 일반적인 스킨케어의 목적으로는 사용되지 않는다.
- **신체** : 구역질과 구토를 치료할 뿐만 아니라, 멀미 예방에 효과적으로 사용된다. 위장 운동을 향상시켜 소화 불량에 추천되며, 관절염 및 근육통의 통증 완화에 사용된다.
- **신경정신계** : 동기를 부여하고, 용기와 자신감을 키우며 정신을 일깨워 준다. 무기력, 집중력이 떨어졌을 때 진저 오일의 사용을 권한다.

| 주의사항 | 일반적으로 무독성, 무자극이지만 개별적으로 피부 자극과 과민성을 유발할 수 있다. 충분히 낮은 희석율로 블렌딩하여 사용한다.

29 Sandalwood · 샌달우드

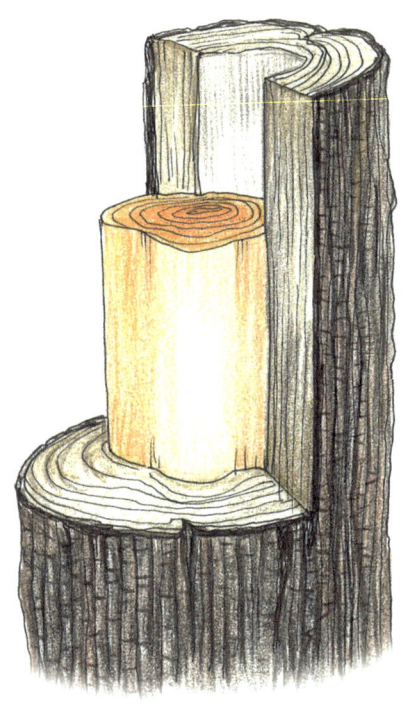

학명	*Santalum album*
과명	단향과(Santalaceae)
형태	12~15m 정도 높이의 중간 크기 상록수이다.
원산지	인도가 원산지이지만, 과도한 수확과 잘못된 산림관리, 불법 밀렵으로 멸종위기를 초래하게 되었다. 호주에서 *S. album*의 재배는 1983년 처음 시도되었으며, 성장과 지속할 수 있는 공급 측면에서 자리잡게 되었다. 호주 서부가 원산지인 *Santalum spicatum*도 활발하게 재배되고 있으며, *S. album*과 유사한 화학적 특성을 갖는다.
추출부위	나무의 심재, 뿌리
추출방법	수증기 증류법

| 향기 | 매우 부드럽고 달콤한 나무향과 함께 동물적인 발삼향을 포함하며, 은은한 향기가 오랫동안 균일하게 지속된다.

| 향 노트 | Base Note

| 색상 | 옅은 노란색으로 점성이 있다.

주요 화학 구성과 평균 구성 비율

에센셜 오일은 주로 심재와 큰 뿌리에 함유되며, 심재 형성은 20년 째부터 빠르게 가속하여 30~60년 된 나무에서 정점에 달한다. 어린 나무에서는 오일의 수확량이 매우 적다. 30년 수령 나무의 주요 화학적 구성은 다음과 같다.

- [sesquiterpene alcohols] santalol 86~91%
- [sesquiterpene hydrocarbons] santalene 1.3~2.9%

치료적 특성

항염, 방부, 항바이러스, 진정, 수렴, 살충

아로마테라피 적용

샌달우드는 가장 오래된 향기 물질의 하나로 전통적으로 귀하게 사용되어져 왔다. 향수 및 화장품에서 널리 사용되는 오일이며, 광범위한 약리학적 작용이 연구되었다.

- **피부** : 진정, 쿨링 및 보습작용으로 건조한 피부와 지성 피부에 모두 추천된다. 습진과 건선을 완화하고, 주로 수분 손실과 피부 염증으로 유발된 건조한 피부 질환에 효과적으로 사용된다.
- **신체** : 정체된 림프절의 순환을 도우며 부종을 완화한다. 진정 작용이 필요한 호흡기 치료에 권장되며, 특히 만성적인 건성 기침과 관련된 기관지염에 추천된다. 샌달우드 오일은 높은 살충 효과를 보이므로 반려견의 해충 방지를 위한 선택으로도 훌륭하다.
- **신경정신계** : 예로부터 명상을 위해 사용되어져 온 샌달우드 오일은 신경을 안정시키고 흥분과 불안을 가라앉힌다. 반려견이 두려워하며 공격성을 가지는 경우와 분리불안에 추천한다.

| 주의사항 | 일반적으로 무독성, 무자극, 비민감성이다.

30 Rose · 로즈

| 학명 | *Rosa* x *damascena* / *Rosa* x *centifolia*
장미의 종류는 수천 가지가 있으며 에센셜 오일의 생산에 사용되는 두 가지 주요 로즈 종이 있다. 일반적으로 *R.* x *damascena*는 다마스크 로즈, 불가리아 로즈, 터키 로즈, 로즈 오또로 알려지며, *R.* x *centifolia*는 캐비지 로즈, 프랑스 로즈, 로즈 앱솔루트로 알려진다.

과명 장미과(Rosaceae)

형태 무성한 잎과 향기로운 겹꽃을 가지는 1.2~2.4m 높이의 작고 가시가 많은 관목이다.

원산지 불가리아, 프랑스, 모로코, 터키, 이탈리아, 중국 등에서 주로 생산된다.
로즈 오일을 생산하기 위해 상업적으로 재배하는 로즈는 17세기 말부터 불가리아의 카잔리크(Kazanlik) 지방에 잘 정착되어 오늘날까지 모든 로즈 오일 중에서 가장 귀중하게 여겨지고 있다.

추출부위 신선한 꽃

추출방법 로즈 오또(Rose otto) – 수증기 증류법

로즈 앱솔루트(Rose absolute) – 용매 추출법

향기 로즈 오또는 따뜻하면서도 깊고 그윽한, 매우 풍부한 장미향이 난다.

로즈 앱솔루트는 달콤하고 매우 강한, 진한 생화와 같은 장미향이 난다.

향 노트 로즈 오또 – Top Note

로즈 앱솔루트 – Base Note

색상 로즈 오또는 연한 노란색에서 황록색이다.

로즈 앱솔루트는 연한 오렌지색에서 브라운 색을 띠는 오렌지색으로 점성이 있다.

주요 화학 구성과 평균 구성 비율

4,000kg의 꽃에서 1kg을 생산하는 로즈 오일은 매우 고가이기 때문에 섞음질 되는 경우가 많다. 로즈는 알려진 오일 중에서 가장 복잡한 오일로, 300가지 이상의 화학 혼합물을 포함하며 그 중 많은 성분은 아직 밝혀지지 않았다.

로즈 오또는 로즈 향을 결정하는 주요한 성분 중 하나인 페닐에틸 알코올(phenylethyl alcohol)을 0.3~2% 정도 함유하며 일반적으로 증류수를 재증류하는 코호베이션 공정에 의해 생산된다. 용매 추출법으로 얻는 로즈 앱솔루트는 페닐에틸 알코올을 64~73% 정도 함유한다.

[*R.* x *damascena*의 로즈 오또]

- [monoterpene alcohols] citronellol 16~43%, geraniol 2~25%, nerol 0.8~8.7%
- [sesquiterpene alcohols] farnesol 0~1.5%

[*R.* x *centifolia*의 로즈 앱솔루트]

- [monoterpene alcohols] citronellol 8.8~12%, geraniol 4.9~6.4%, nerol 0~3%
- [sesquiterpene alcohols] farnesol 0.5~1.3%

치료적 특성

항우울, 불안 완화, 진정, 방부, 항바이러스, 살균

아로마테라피 적용

진정 및 불안 완화 작용에 뛰어난 로즈 오일은 부드럽지만 강력한 항우울제로 알려진다. 로즈 오일은 수많은 치유 효과와 함께 아름다운 향으로 기쁨을 주는 훌륭한 오일이다.

- **피부** : 로즈 오일은 피부 기능의 활성화와 함께 방부, 수분 유지, 연화 효과를 가진다. 민감성, 건성 피부를 포함한 모든 피부 타입에 사용이 가능하며, 피부 진정과 부드러운 수렴 효과로 스킨 케어에 적극 사용된다. 발적이나 피부의 염증 치료에도 추천된다.
- **신체** : 심장의 부정맥을 감소시킬 수 있으며, 통증을 완화시킨다.
- **신경정신계** : 심오한 정신적 효과로 활력과 기쁨을 준다. 자극적이지 않으면서도 강력한 항우울제로, 반려견의 불안이나 두려움, 과민 반응을 완화시키는 데 도움이 된다.

주의사항 일반적으로 무독성, 무자극, 비과민성이다.

에센셜 오일 리스트

일반명	학명	과
Lavender, True	*Lavandula angustifolia*	꿀풀과(Lamiaceae / Labiatae)
Peppermint	*Mentha × piperita*	꿀풀과(Lamiaceae / Labiatae)
Clary Sage	*Salvia sclarea*	꿀풀과(Lamiaceae / Labiatae)
Marjoram, Sweet	*Origanum majorana*	꿀풀과(Lamiaceae / Labiatae)
Rosemary	*Rosmarinus officinalis*	꿀풀과(Lamiaceae / Labiatae)
Patchouli	*Pogostemon cablin*	꿀풀과(Lamiaceae / Labiatae)
Chamomile, German	*Matricaria chamomilla*	국화과(Asteraceae / Compositae)
Chamomile, Roman	*Chamaemelum nobile*	국화과(Asteraceae / Compositae)
Everlasting	*Helichrysum italicum*	국화과(Asteraceae / Compositae)
Cypress	*Cupressus sempervirens*	측백나무과(Cupressaceae)
Juniper Berry	*Juniperus communis*	측백나무과(Cupressaceae)
Tea Tree	*Melaleuca alternifolia*	도금양과(Myrtaceae)
Eucalyptus, Narrow-Leaf	*Eucalyptus radiata*	도금양과(Myrtaceae)
Cedarwood, Atlas	*Cedrus atlantica*	소나무과(Pinaceae)
Orange, Sweet	*Citrus sinensis*	운향과(Rutaceae)
Lemon	*Citrus × limon*	운향과(Rutaceae)
Bergamot	*Citrus bergamia*	운향과(Rutaceae)
Grapefruit	*Citrus paradisi*	운향과(Rutaceae)
Petitgrain	*Citrus × aurantium*	운향과(Rutaceae)
Neroli	*Citrus × aurantium*	운향과(Rutaceae)
Lemongrass	*Cymbopogon citratus* *Cymbopogon flexuosus*	벼과(Poaceae / Gramineae)
Palmarosa	*Cymbopogon martini*	벼과(Poaceae / Gramineae)
Vetiver	*Vetiveria zizanoides*	벼과(Poaceae / Gramineae)
Frankincense	*Boswellia sacra*	감람과(Burseraceae)
Myrrh	*Commiphora myrrha*	감람과(Burseraceae)

Geranium	*Pelargonium graveolens*	쥐손이풀과(Geraniaceae)
Ylang ylang	*Cananga odorata*	변려지과(Annonaceae)
Ginger	*Zingiber officinale*	생강과(Zingiberaceae)
Sandalwood	*Santalum album*	단향과(Santalaceae)
Rose	*Rosa* x *damascena* *Rosa* x *centifolia*	장미과(Rosaceae)

PART IV

펫 아로마테라피 응용실기

01 제형과 응용제품 재료

이상적인 적용 방법과 제형이 정해졌다면 다양한 천연 재료를 적절하게 활용하여 제품으로 만들어 아로마테라피를 즐길 수 있다. 제품을 직접 만들 때 가장 중요한 것은 모든 과정에서 위생을 유지하는 것이다. 사용하는 도구나 용기들은 모두 소독해야 하며, 작업환경과 손은 항상 위생적이어야 한다. 제품의 계량은 0.1g 단위까지 표시되는 디지털 저울을 사용한다. 에센셜 오일은 보통 방울로 계량하는데, 에센셜 오일 20방울은 1g으로 간주된다. 만들어진 제품에는 항상 제작 날짜와 사용한 에센셜 오일을 기록한 스티커를 붙여 두도록 한다.

1 기본 제품 제형

(1) 오일

식물성 오일 베이스에 에센셜 오일을 블렌딩하는 것으로 완성된다. 피모가 있는 반려견에 오일의 신체 흡수 의미는 크지 않지만, 후각 작용과 터치로 인한 힐링을 목표로 하며 거칠고 손상된 피모에 영양을 줄 수 있다. 아로마테라피의 가장 기본적인 제형이다. 예를 들어, 식물성 오일 10ml에 에센셜 오일 2방울을 넣어 주는 것으로 1% 희석률의 마사지 오일이 간단히 완성된다.

(2) 액상

반려견을 위한 아로마테라피에서 이어클리너, 입욕제, 스프레이 등 다양하게 활용이 가능한 제형이다. 정제수나 하이드로렛이 베이스가 되며, 증상에 맞는 에센셜 오일을 액상에 분산시켜 만든다.

(3) 겔(gel)

피부 국소 부위에 적용할 수 있다. 천연 알로에베라겔을 활용하면 소량의 식물성 오일, 에센셜 오일을 첨가하는 것만으로 손쉽게 만들어 바로 적용할 수 있다.

(4) 연고 또는 밤

오일 베이스 물질로 구성되며, 피부 표면에 오래 지속될 수 있는 제형이다. 피부의 트러블이나 상처 또는 관절염 등의 국소 부위에 추천된다. 베이스가 되는 식물성 오일을 정하면 비즈왁스, 이멀시파잉 왁스 등의 유화제와 함께 녹인다. 국소 적용하는 연고나 밤의 경우 에센셜 오일의 희석률을 1~3% 정도로 좀 더 높게 적용할 수 있다.

이 외에도 바스 파우더, 천연비누, 샴푸 등 에센셜 오일을 활용해 나와 반려견을 위한 다양한 천연 제품을 만들어 사용할 수 있다. 천연 제품을 직접 만들 때의 장점은 재료를 선별해 사용하므로 인공적인 방부제나 피부에 유해한 화학적 성분들을 피할 수 있다는 것이다. 반드시 정해진 재료로만 만들어야 하는 것은 아니며, 제외하거나 대체할 수 있는 재료 선택의 폭은 매우 넓다. 천연 제품이라 할지라도 그 속의 성분들이 알레르기나 자극을 일으킬 수 있다는 점을 항상 기억한다.

[바스파우더]

2 아로마테라피 응용제품 재료

다음은 아로마테라피 응용제품을 만들 때에 사용되는 재료들의 예시이다.

피부연화제 (emolients)	• 유연제라고도 한다. 수분 증발을 방지하며, 외부 환경의 변화로부터 보호하여 피부건강을 증진한다. ➔ 식물성 오일, 시어버터, 코코아버터, 레시틴, 라놀린 등
보습제 (humectants)	• 수분을 흡수하며, 증발을 방지하여 수분 유지를 돕는다. ➔ 식물성 글리세린, 히알루론산, 콜라겐 등
보존제 (preservatives)	• 미생물의 성장을 억제하거나 감소시켜 제품의 부패나 변질을 방지하기 위한 물질이다. 합성방부제가 갖는 피부 자극, 체내 흡수 시의 문제 등을 고려하여 천연제품 중에서 항산화, 방부 효과를 갖는 제품을 사용한다. ➔ 자몽씨 추출물, 로즈마리잎 추출물, 비타민 E, 토코페롤 등
계면활성제 (surfactants)	• 계면활성제 분자는 하나의 분자 안에 물을 좋아하는 부분인 친수성과 기름을 좋아하는 친유성을 동시에 지니고 있다. 물과 기름은 본래 잘 섞이지 않아서 경계면을 형성하지만, 계면활성제로 인해서 이 경계면이 활성화되어 섞이게 된다. • 예를 들면, 기름때를 비누의 친유성 부분이 끌어안고 물에 녹는(씻겨 내리는) 형태로 때를 없애게 된다. 계면활성제는 그 종류가 많고 사용 범위도 대단히 넓다. ➔ 소프넛, 애플워시, 올리브포밍, 데실글루코사이드 등
유화제 (emulsifiers)	• 계면활성제의 한 종류로서, 물과 기름의 표면장력을 낮춰 서로 섞이지 않는 물과 기름을 유화하여 골고루 분산시켜 안정된 에멀션(유탁액)으로 만들기 위해 쓰이는 물질이다. 에멀션을 만들었을 때 물의 비율이 높으면 로션이 되고, 오일 성분이 높으면 크림이 된다. ➔ 비즈왁스, 이멀시파잉 왁스, 코코아버터 등
가용화제 (solubilizer)	• 계면활성제의 한 종류로 물에 녹지 않는 소량의 오일이 물에 투명하게 융화(분산)되도록 도와주는 것이다. ➔ 솔루빌라이저, 올리브리퀴드 등
점증제 (thickener)	• 용액의 점도를 증가시키는 물질이다. 샴푸 등의 수분 형태 제품의 점도를 조정해 주기 위해 첨가한다. ➔ 폴리쿼터, 글루카메이트, 쟁탄검, 실크아미노산 등
자연물질 (nature substance)	• 제품의 기능성을 더하기 위해 다양한 자연 물질이나 천연 물질을 첨가할 수 있다. ➔ 클레이, 미용 소금, 천연 벌꿀, 허브, 천연 색소 등

3 펫 아로마테라피 DIY 기본도구

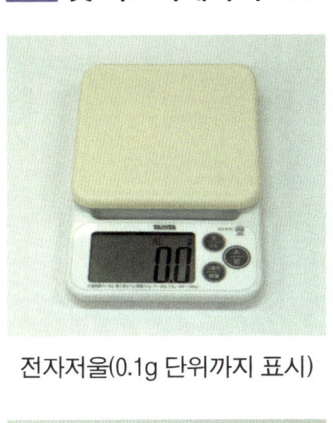
전자저울(0.1g 단위까지 표시)

핫플레이트

유리비커

스테인리스비커

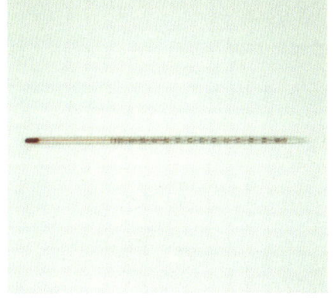
온도계

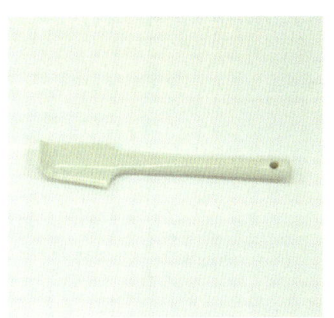
실리콘주걱

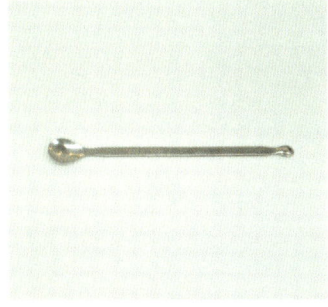
시약스푼

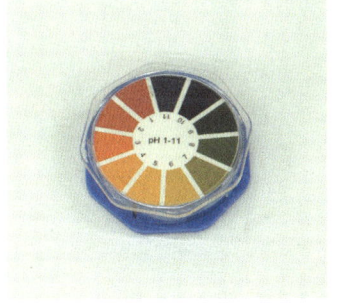
pH테스트페이퍼

보울

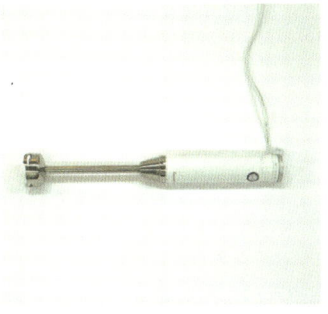
핸드블렌더

비누몰드

02 소이 캔들

소이 왁스는 콩으로 만든 천연 재료로 그을음이 적고 연소시간이 길며 유해성 물질로부터 자유롭다. 인공 향료로 향을 내지 않으며 목적에 맞는 에센셜 오일 블렌딩으로 반려동물과 함께 아로마 향을 즐길 수 있다.

재료(100g 기준)
- 소이 왁스 100g
- 에센셜 오일 총 180방울 (9% 희석률)

도구
- 전자저울
- 핫플레이트
- 유리비커
- 스테인리스비커
- 온도계
- 실리콘주걱
- 캔들 용기(내열유리)
- 심지(용기 사이즈에 따라 심지 두께 선택)
- 심지접착제

	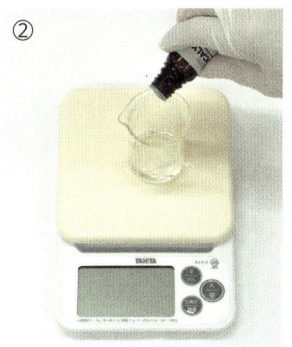	
캔들 용기 중앙에 심지를 접착하고 꼿꼿이 서 있게 고정해 준다.	작은 유리비커에 에센셜 오일을 블렌딩해 둔다.	소이 왁스를 계량한다.
	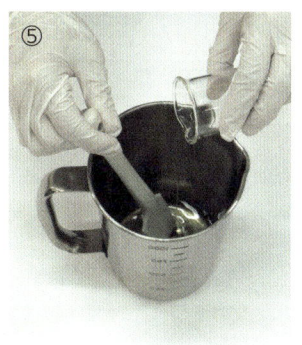	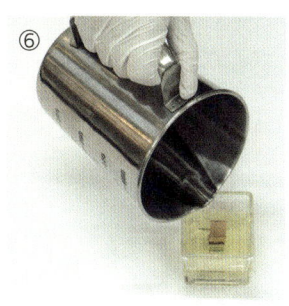
소이 왁스를 담은 스테인리스 비커를 핫플레이트에 올려 고체 상태의 왁스가 녹을 때까지 낮은 온도에서 가열한다.	액체 상태의 소이 왁스 온도가 55~60°C 정도로 내려가면 준비해 둔 에센셜 오일 블렌드를 첨가하고 실리콘 주걱으로 골고루 저어 준다.	캔들 용기에 천천히 부어준 후, 가만히 두어 굳힌다.

Tip
1. 화재 발생의 위험이 있으므로 에센셜 오일은 총 왁스 양의 10% 미만으로 사용한다.
2. 하루 정도 두어 완전히 굳힌 후에 사용한다.
3. 처음 불을 붙여 사용할 때에는 표면 끝까지 녹을 수 있도록 최소 두 시간 이상 사용 후 불을 끈다.
4. 연소 위치는 반려동물이 닿을 수 없는 안전한 곳으로 하며, 사용 후 반드시 환기한다.

03 산책용 스프레이

벌레 퇴치 효과가 있는 에센셜 오일을 활용하여 스프레이 타입의 천연 해충 방지 제품을 만든다. 반려견이 사용하기에 자극이 될 수 있는 에센셜 오일의 선택 시 블렌딩과 희석률에 주의한다.

재료 (50g 기준)
- 정제수 24g
- 하이드로렛 24g
- 올리브리퀴드 1g
- 자몽씨추출물 1g
- 에센셜 오일 총 5~10방울 (0.5~1% 희석률)

도구
- 전자저울
- 유리비커
- 유리막대
- 스프레이용기

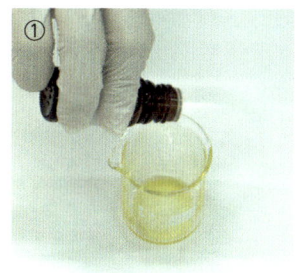 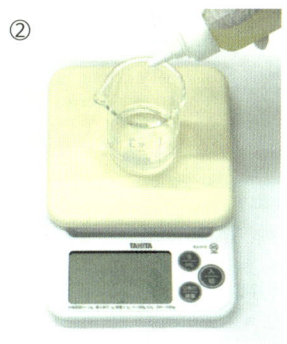 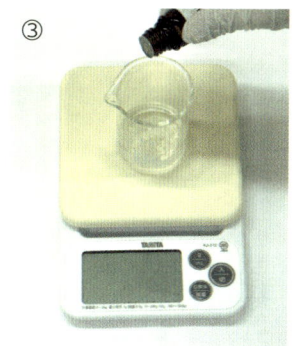

① 해충 방지를 위한 목적으로 사용할 에센셜 오일을 선택하여 준비해 둔다. 소량이므로 따로 비커에 담지 않고 선택만 해 두어도 좋다.

② 유리비커에 정제수를 계량하고 올리브리퀴드를 첨가하여 계량한다.

③ 선택한 에센셜 오일을 넣고 잘 섞이도록 저어 준다.

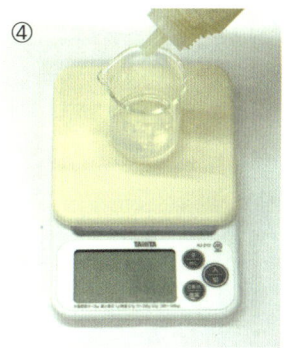 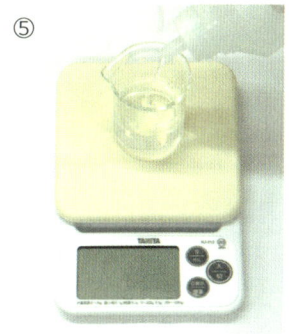 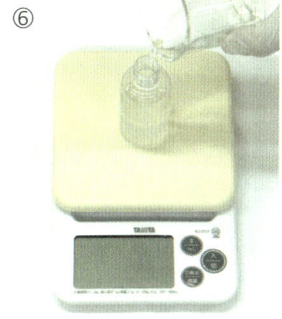

④ 자몽씨추출물을 넣고 잘 섞이도록 저어 준다.

⑤ 하이드로렛을 계량하여 넣고 골고루 저어 준다.

⑥ 준비해 둔 스프레이용기에 담고 마개를 잘 닫아 준다.

Tip
1. 산책 스프레이는 10~15cm의 간격을 두고 반려견의 피모에 골고루 분사되도록 뿌린다.
2. 반려견의 얼굴을 향해 분사하면 눈과 코에 직접적인 자극이 되므로 주의한다.

04 풋밤

거칠거나 건조한 반려견의 발바닥에 보습과 영양을 줄 수 있는 식물성오일을 활용하여 풋밤을 만든다.

재료 (15g 기준)
- 비즈왁스 5g
- 시어버터 3g
- 호호바 오일 3g
- 스위트 아몬드 오일 3.5g
- 비타민 E 0.5g
- 에센셜 오일 총 3~6방울 (1~2% 희석률)

도구
- 전자저울
- 핫플레이트
- 내열유리비커
- 온도계
- 시약스푼
- 스틱용기

목적에 맞는 에센셜 오일을 선택하여 준비해 둔다. 소량이므로 따로 비커에 담지 않고 선택만 해 두어도 좋다.

유리비커에 비즈왁스, 시어버터, 호호바와 스위트 아몬드 오일을 계량하여 분량대로 넣는다.

유리비커를 핫플레이트에 올려 고체 상태의 왁스가 모두 녹을 때까지 낮은 온도에서 가열한다.

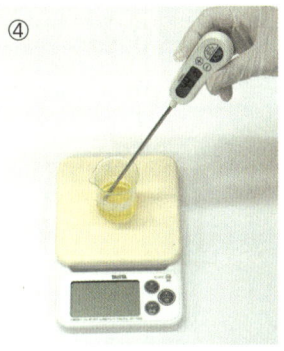
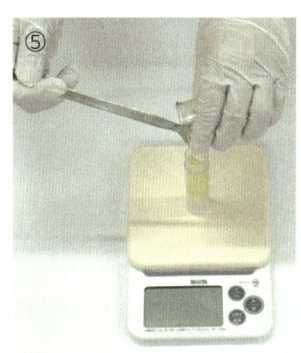

유리비커 내용물의 온도가 45~50℃ 정도로 내려가면 비타민 E와 준비해둔 에센셜 오일을 첨가하고 골고루 저어 준다.

스틱 용기에 천천히 부어준 후, 가만히 두어 굳힌다.

> **Tip**
> 1. 보습, 영양의 목적으로 제작 시 에센셜 오일을 첨가하지 않고 무향으로 만들어도 무방하다.
> 2. 하루 정도 두어 제형을 완전히 굳힌 후에 사용한다.

05 알로에겔

피부 국소 부위에 적용할 수 있는 천연 알로에베라겔을 만든다. 목적에 맞는 에센셜 오일 블렌딩으로 다양한 반려동물의 피부 트러블에 효과적으로 적용할 수 있다.

재료 (50g 기준)
- 알로에베라겔 30g
- 하이드로렛 18g
- 올리브리퀴드 1g
- 비타민 E 1g
- 에센셜 오일 총 5방울 (0.5% 희석률)

도구
- 전자저울
- 유리비커
- 시약스푼
- 실리콘주걱
- 펌프용기

목적에 맞는 에센셜 오일을 선택하여 준비해 둔다. 소량이므로 따로 비커에 담지 않고 선택만 해 두어도 좋다.

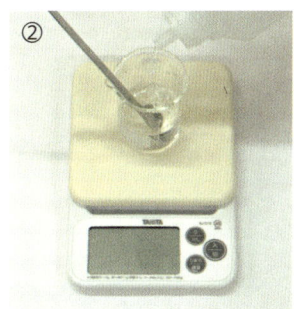
유리비커에 알로에베라겔과 하이드로렛을 계량하고 섞는다.

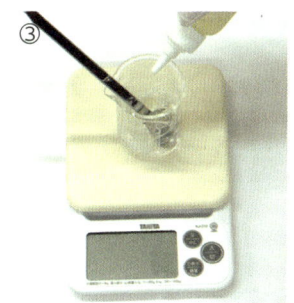
올리브리퀴드를 첨가하고 골고루 섞는다.

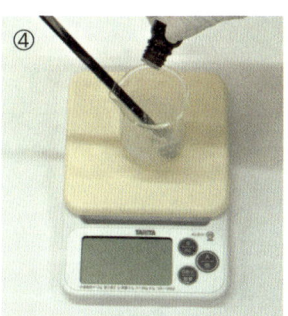
선택해 둔 에센셜 오일을 첨가한다.

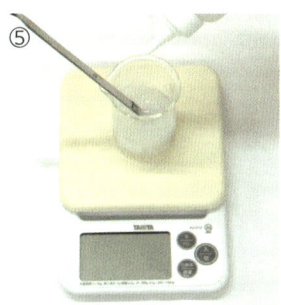
마지막으로 비타민 E를 첨가하고 잘 섞어 준다.

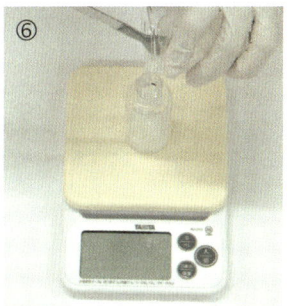
준비해 둔 용기에 담고 제작 날짜와 사용한 에센셜 오일을 기록한 스티커를 붙여 둔다.

06 샴푸

반려동물의 피모를 깨끗이 세정하고 건강하게 유지하기 위해 천연 유래의 계면활성제로 샴푸를 만든다. 샴푸를 만드는 간단한 기본 공식은 계면활성제 40% + 물 60%이다. 글리세린 등의 첨가물은 물에 포함시키며, 총량에 대한 계면활성제의 비율은 언제나 동일하다.

재료 (150g 기준)
- LES 25g
- 데실글루코사이드 25g
- 애플워시 10g
- 글리세린 2g
- 폴리쿼터 1g
- 정제수 34g
- 하이드로렛 40g
- 에센셜 오일 총 30방울 (1% 희석률)
- 비타민 B5 2g
- 실크아미노산 2g
- 어성초 추출물 5g
- 자몽씨 추출물 2g

도구
- 전자저울
- 유리비커
- 유리막대
- 시약스푼
- pH테스트지
- 펌프용기

작은 유리비커에 에센셜 오일을 블랜딩해 둔다.

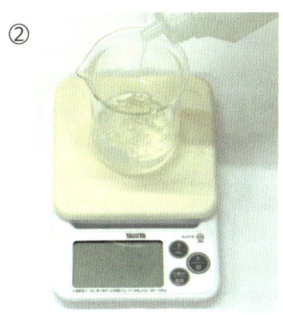
총 용량보다 큰 용량의 유리비커(200ml 이상)에 각 계면활성제를 계량하여 넣는다.

또 다른 작은 유리비커에 글리세린을 계량하고 폴리쿼터를 첨가하여 잘 섞어 준다.

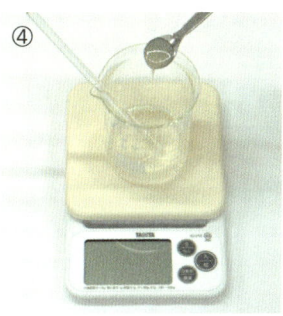
계면활성제가 들어 있는 유리비커에 글리세린+폴리쿼터 혼합물을 첨가 후 골고루 섞이도록 잘 저어 준다.

계면활성제 유리비커에 정제수와 하이드로렛을 계량하여 넣고 천천히 저어 준다.

나머지 첨가물을 차례대로 한 가지씩 첨가하며 잘 저어 준다. (순서 무관)

마지막으로 블랜딩해 둔 에센셜 오일을 첨가하고 골고루 섞어 준다.

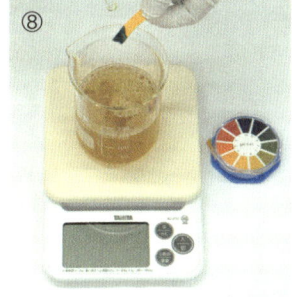
pH테스트지에 한 방울 떨어뜨려 본 후, 조절이 필요하면 구연산과 정제수를 1:1로 섞은 용액 또는 식초를 소량 첨가하며 조절할 수 있다. (반려견 피부 pH는 7~7.5로 중성에서 약알카리성)

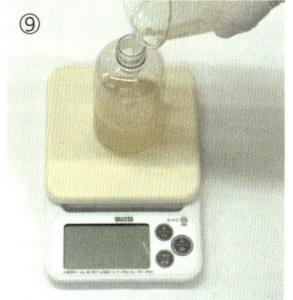
준비해 둔 용기에 담고 제작날짜와 사용한 에센셜 오일을 기록한 스티커를 붙여 둔다.

Tip
1. 계면활성제는 쉽게 거품이 나므로 천천히 조심스럽게 젓는다.
2. 안정된 제형이 형성될 때까지 1-2일 정도 두었다가 사용한다.

07 바스 파우더

　입욕은 피부와 호흡기라는 두 가지 경로를 통해 에센셜 오일을 흡수, 흡입할 수 있는 효과적인 방법이다. 천연재료와 에센셜 오일을 활용하며 반려견의 피부와 피모관리를 할 수 있으며 향은 심리적 안정을 준다. 후각과 피부가 예민한 반려견이 사용하기에 에센셜 오일의 선택과 희석률에 주의한다.

재료 (200g 기준)
- 중조 100g
- 구연산 70g
- 콘스타치 25g
- 클레이 2g
- 아르간 오일 2g
- 에센셜 오일 총 40방울(1% 희석률)

도구
- 전자저울
- 보울
- 유리비커
- 시약스푼
- 실리콘주걱
- 용기

유리비커에 에센셜 오일을 선택하여 블렌딩해 둔다.

보울에 중조, 구연산, 콘스타치를 계량하여 담는다.

 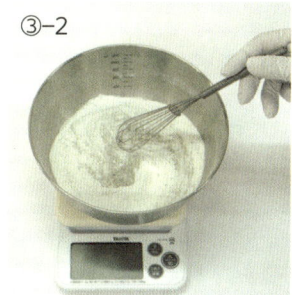

가루 재료에 클레이를 첨가하고 골고루 섞어 준다.

블랜딩해둔 에센셜 오일과 아르간 오일을 골고루 뿌리고 잘 섞어 준다.

준비해 둔 용기에 담고 제작 날짜와 사용한 에센셜 오일을 기록한 스티커를 붙여 둔다.

 Tip
1. 반려견 미용 커트 시에 털의 보송한 느낌을 원할 경우에는 식물성 오일을 제외하고 만든다.
2. 완성된 파우더는 물 1리터 기준 10g 정도를 희석하여 사용한다.

08 천연 비누

저온에서 제작하고 비누화 반응을 일으키는 Cold Process 제작 방법을 통해 천연비누를 만든다. 순수한 식물성 오일을 직접 선택하고 원하는 첨가물과 에센셜 오일을 넣어 피부 타입에 맞는 비누를 만들 수 있다. 천연비누의 제작에는 재료와 기법에 수많은 응용이 가능하며, 가장 기본이 되는 레시피를 안내한다.

재료 (500g 기준)
- 올리브 오일 120g
- 코코넛 오일 130g
- 팜 오일 130g
- 정제수 114g
- 수산화나트륨 59.1g
- 에센셜 오일 총 100방울 (1% 희석률)

도구
- 전자저울
- 스테인리스비커
- 유리비커
- 실리콘주걱
- 시약스푼
- 온도계
- 핸드블렌더
- 비누몰드
- 니트릴 장갑
- 방진마스크

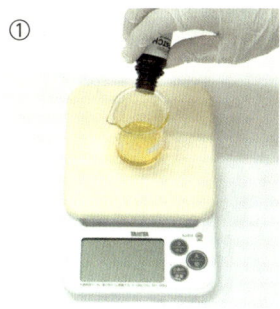	
레시피를 정하고, 유리비커에 에센셜 오일을 선택하여 블랜딩해 둔다.	가열할 수 있는 스테인리스비커에 올리브 오일, 코코넛 오일, 팜 오일을 계량한다.

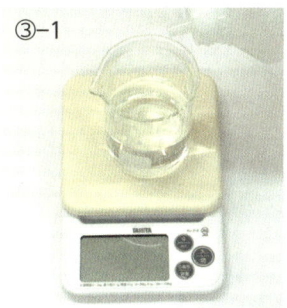 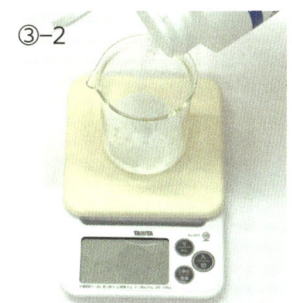

스테인리스비커 또는 내열비커에 정제수를 계량하고 다른 비커에 가성소다를 계량한다.

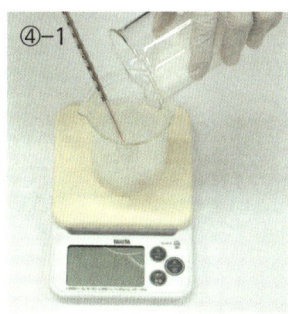 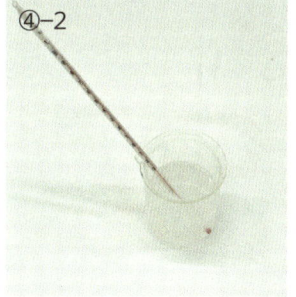

정제수가 담긴 용기에 분량의 가성소다를 조심스럽게 넣고 섞어 준다. 절대로 수산화나트륨에 물을 붓지 않는다. 수산화나트륨이 물에 녹으며 용액의 온도가 급격히 상승함에 (80℃ 이상) 주의하고, 이때 발생하는 증기를 들이마시지 않도록 한다. 수산화나트륨 과립이 모두 녹아 투명해질 때까지 잘 저어 섞는다.

 Tip
1. 반드시 환기가 잘 되는 공간에서 작업하며, 방진마스크와 니트릴 장갑을 착용한다.
2. 정제수와 가성소다를 교반하여 가성소다 수용액을 만들 때 뚜껑을 돌려 닫을 수 있는 플라스틱스 크류용기(PP 재질)를 사용하면 편리하다. 반드시 내화학성이 좋은 PP 재질로 된 제품을 사용한다.

수산화나트륨 용액을 식히는 동안 식물성 오일을 가열한다.

수산화나트륨 용액과 식물성 오일의 온도가 모두 40~45℃ 정도가 되도록 맞춘다.

두 용액의 온도 차이가 5℃ 이하일 때 식물성 오일 용기에 수산화나트륨액을 넣으며 섞어 준다.

한꺼번에 붓지 말고 조금씩 섞으며, 용기 밖으로 튀거나 피부에 묻지 않도록 조심한다.

실리콘 주걱을 사용하여 계속 저어 주며, 핸드블렌더를 약하게 사용하여 교반한다. 핸드블렌더는 짧은 간격으로 여러 번 사용하여 교반 상태를 조절하며, 기본적으로는 주걱을 사용하여 천천히 저어 섞어 주도록 한다.

 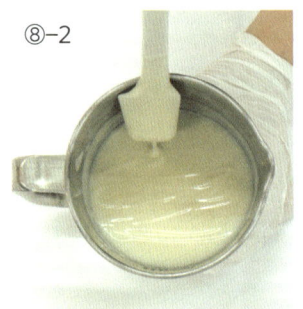

에센셜 오일을 넣고 골고루 섞이도록 충분히 저어 준다. 표면에 자국이 남는 적당한 트레이스 상태의 점도를 만들어 준다.

 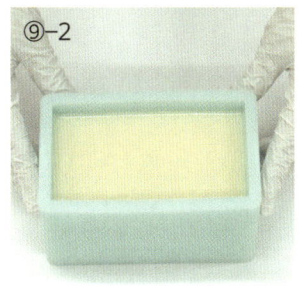

혼합이 완성된 비누액을 준비한 몰드에 부어 주고 뚜껑을 닫은 후, 24~48시간 동안 보온하여 비누화 반응이 일어나도록 둔다.

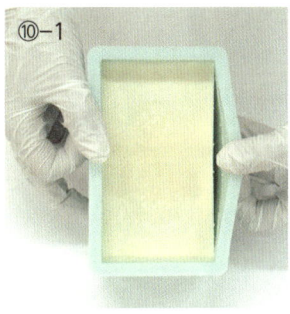  

완성된 비누를 원하는 사이즈로 커팅하여 4주 이상의 건조기간이 지나면 사용한다. 비누의 건조는 바람이 잘 통하고 햇빛이 들지 않는 건조한 곳이 이상적이다.

[천연비누 디자인]

부록

연습문제

연습문제

1 허브에 대해 바르게 설명한 것은?
① 지구상에 분포하고 있는 식물 모두가 허브로 사용될 수 있다.
② 잎이나 줄기가 식용과 약용으로 쓰이거나 향과 향미로 이용되는 식물이다.
③ 녹색 잎을 가진 또는 꽃이 피는 식물을 말한다.
④ 스파이스(spice)는 허브(herb)에 속하지 않는다.

해설
일반적 의미에서의 허브는 식물의 녹색 잎들 또는 꽃이 만발한 부분을 말하며, 씨앗이나 나무껍질, 뿌리 등 식물의 다른 부분에서 건조되고 생산되는 스파이스와 구분되지만, 치료의 목적으로 사용하는 경우 허브는 훨씬 더 넓은 범위의 식물을 의미하여, 식물의 모든 부분이 허브로 간주된다. 허브로 쓰이는 식물은 약 2,500여 종으로 추정된다.

2 에센셜 오일을 가장 적극적으로 적용할 수 있는 동물은?
① 말   ② 햄스터
③ 고양이   ④ 새

해설
말을 위한 아로마테라피는 다른 동물에 비해 좀 더 일반적으로 적용되며 널리 받아들여진다. 말의 다양한 질환과 위생문제, 스트레스 케어에 아로마테라피가 적극적으로 사용된다.

3 아로마테라피의 설명으로 가장 적절한 내용은?
① 식물성 물질의 증류   ② 식물의 치유적 효능을 사용
③ 향기를 연구하는 학문   ④ 에센셜 오일의 치유적 사용

해설
아로마테라피는 식물에서 추출한 에센셜 오일을 이용하여 몸과 마음의 균형을 회복시켜 자연 치유력을 높일 수 있도록 하는 데 그 목적이 있다.

정답 **1** ②   **2** ①   **3** ④

4 아로마테라피라는 말을 최초로 사용한 사람은 누구인가?

① 테오프라스토스(Theophrastus)
② 가트포세(Rene-Maurice Gattefosse)
③ 아비세나(Avicenna)
④ 장발레(Jean Valnet)

📖 해설

아로마테라피라는 용어는 1937년에 프랑스 화학자인 가트포세가 'Aromatherapie'라는 책을 출간하면서 처음으로 사용한 '향기(aroma)' + '치료(therapy)'의 영어 표현이다.

5 인류 최초의 향수는?

① 유향(frankincense)
② 몰약(myrrh)
③ 키피(kyphi)
④ 포맨더(pomander)

📖 해설

이집트의 왕 '투탕카멘'의 무덤에서 발견된 키피(kyphi)는 인류 최초의 향수로 알려진다.

6 다음의 설명에 가장 적합한 용어는?

> 신체에 어떠한 증상이 나타났을 때 단순히 드러난 신체 증상에만 집중하는 것이 아니라 그와 연관된 다양하고 복잡한 상황이나 내면적인 요소들을 종합적으로 파악하고 고려한다.

① 허발리즘(herbalism)
② 웰빙(well-being)
③ 홀리스틱 케어(holistic care)
④ 항상성(homeostasis)

📖 해설

아로마테라피의 가치이자 목표가 되는 홀리스틱 케어는 개개인에 미치는 사회적, 환경적, 감정적, 심리적, 육체적인 영향 전체에 관심을 가지며, 인정하고 존중함으로써 치유를 돕는다.

정답 4 ② 5 ③ 6 ③

7 자연의 치유력에 기초한 치료 접근법을 가지고 마사지의 장점을 강조하며 치료에 적극 활용한 그리스의 의사는 누구인가?

① 테오프라스토스(Theophrastus)
② 디오스코리데스(Dioscorides)
③ 이비세나(Avicenna)
④ 히포크라테스(Hippocrates)

> **해설**
> 히포크라테스는 '건강에 이르는 기본 원칙은 아로마틱 물질로 목욕하고 마사지하는 것이다'라고 하였고, 휴식과 고정화가 치료에 있어 가장 중요하다고 믿었다.

8 냉각장치를 발명함으로써 최초로 순수한 로즈 에센셜 오일을 증류하는 데 성공한 인물은 누구인가?

① 가트포세(René-Maurice Gattefossé)
② 아비세나(Avicenna)
③ 장발레(Jean Valnet)
④ 커스버트 홀(Cuthbert Hall)

> **해설**
> 증류기계를 긴 쿨링 파이프에 연결함으로써 스팀이 빠르고 효과적으로 빠져나갈 수 있도록 코일을 감는 형식인 냉각장치를 발명한 사람은 페르시아의 외과 의사이자 화학자, 연금술사였던 아비세나이다.

9 에센셜 오일을 화학적으로 분석한 데이터 자료를 무엇이라 하는가?

① MSDS
② GC-MS
③ Label
④ Batch Number

> **해설**
> GC-MS(Gas Chromatography Mass Spectrometry)는 기체크로마토그래프와 질량분석법을 조합한 분석기법으로, 뛰어난 분리성과 정량 분석을 활용하여 화합물의 구조에 관한 정보를 얻을 수 있다.

정답 7 ④   8 ②   9 ②

10 동일한 식물 종이 그 화학적 조성에서 뚜렷이 차이를 나타내는 것을 뜻하는 말은?

① 섞음질(adulteration)
② 유전적 특징
③ 정류(rectification)
④ 케모타입(chemotype)

해설
케모타입은 에센셜 오일의 화학유형을 구분하는 말로, 형태학적으로 동일한 식물 종이 그 화학적 조성에서 뚜렷한 차이를 나타내는 것을 말한다.

11 에센셜 오일의 생리학적 활동에 속하지 않는 것은?

① 해충이나 동물에 대한 방어
② 식물 자체의 호흡
③ 다른 미생물로부터 식물을 보호하는 항균 작용
④ 경쟁 식물의 성장을 막는 타감 작용

해설
식물의 2차대사산물로 볼 수 있는 에센셜 오일은 식물의 주로 다양한 생물학적 임무를 담당한다. 호흡은 식물의 생명 유지에 반드시 필요한 1차 대사에 속한다.

12 에센셜 오일의 일반적 특징에 속하지 않는 것은?

① 에센셜 오일은 지방에 용해된다.
② 에센셜 오일은 알코올에 용해된다.
③ 에센셜 오일은 지용성 액체로 끈적이는 점성도를 가진다.
④ 에센셜 오일은 빛, 공기, 온도에 민감하게 반응한다.

해설
에센셜 오일은 순수한 천연 식물성 오일로 지용성 액체이지만, 끈적임이 없고 가볍다.

정답 10 ④   11 ②   12 ③

13 에센셜 오일의 품질을 규정하기 위해 필수로 확인해야 하는 정보는?

① 제조번호, 병 크기, 색상
② 학명, 케모타입, 식물의 추출부위
③ 제조회사명, 원산지
④ 판매회사명, 로고, 수소

📖 **해설**

판매회사나 제조회사의 정보 등은 에센셜 오일 구매 시 볼 수 있는 부가적인 정보이다. 품질 규정을 위해 필수로 확인해야 할 것은 식물의 정확한 학명과 추출부위, 원산지, 추출방법 등이다.

14 Rose otto 에센셜 오일의 추출 방법은 무엇인가?

① 이산화탄소 추출법　② 재증류
③ 정류　　　　　　　④ 분별 증류

📖 **해설**

로즈 오일의 페닐에틸 알코올 성분은 한 번 추출 시 물에 더 많이 남아 있기 때문에, 증류수 속에 용해된 페닐에틸 알코올 성분을 다시 추출하는 재증류(cohobation)의 과정을 거친다. 이렇게 만들어진 로즈 오일을 로즈 오또(Rose otto)라 한다.

15 용매추출 과정에서 얻어지는 물질을 차례대로 바르게 나열한 것은?

① 콘크리트 – 레지노이드 – 앱솔루트
② 엑스트락 – 포마드 – 앱솔루트
③ 포마드 – 콘크리트 – 앱솔루트
④ 엑스트락 – 콘크리트 – 앱솔루트

📖 **해설**

용매에 용해된 식물의 휘발성 성분과 비휘발성 성분의 혼합물을 엑스트락(extract)이라 한다. 엑스트락에 열을 가해 용매가 제거된 후에 남은 반고형물질은 콘크리트(concrete), 수지 성분인 경우에는 레지노이드(resinoid)이다. 콘크리트 또는 레지노이드를 알코올로 증류하여 제거한 후 얻어지는 최종 결과물을 앱솔루트(absolute)라고 한다. 포마드(pomade)는 냉침법(enfleurage) 과정에서 얻어지는 꽃 향을 가득 흡수한 오일을 말한다.

정답　13 ②　14 ②　15 ④

16 CO_2 이산화탄소 추출법의 이상적인 조건을 바르게 설명한 내용은?

① 저온, 고압에서 추출
② 고온, 저압에서 추출
③ 저온, 저압에서 추출
④ 고온, 고압에서 추출

해설
이산화탄소는 33℃, 200기압(저온고압)에서 에센셜 오일을 추출하는 데 매우 적합한 용매제가 된다.

17 에센셜 오일의 추출법과 그 특징을 설명한 것으로 적합하지 않은 것은?

① CO_2 추출법 – 열에 의한 손상이 없으며 용매를 깨끗이 제거할 수 있다는 장점이 있다.
② 냉침법 – 용매로 차가운 지방을 이용한 전통적인 방법으로 가장 많이 사용된다.
③ 압착법 – 시트러스 오일의 추출에 국한된다.
④ 증류법 – 가열한 물 또는 수증기에 의해 식물의 오일 성분이 휘발되는 간단한 원리다.

해설
냉침법은 고대부터 사용된 전통적인 방법으로 얻어지는 오일의 순도가 매우 높고 그 향이 풍부하지만, 숙련된 기술자들의 반복적인 수작업이 필요한 노동집약적인 방법이기 때문에 현대에는 거의 사용되지 않는다.

18 다음 중 압착법으로 추출할 수 있는 에센셜 오일은?

① Patchouli
② Grapefruit
③ Lavender
④ Peppermint

해설
압착법은 열을 가하지 않고 물리적인 힘을 가해서 오일을 추출하는 방법으로 에센셜 오일 중에서 시트러스에 국한된다.

정답   16 ①   17 ②   18 ②

19 에센셜 오일의 섞음질(adulteration)에 해당하지 않는 것은?

① 미네랄 오일에 블렌딩
② 유사한 에센셜 오일로 양을 늘림
③ 캐리어 오일과 함께 블렌딩 한 후 적절한 라벨링
④ 유화제나 계면활성제의 혼합

📖 해설

섞음질(adulteration)의 정의는 에센셜 오일에 다른 물질을 혼합하는 것을 말한다. 캐리어 오일에 에센셜 오일을 블렌딩 한 후 적절한 라벨링으로 표기하는 것은 아로마테라피 적용을 위한 한 방법으로 섞음질에 해당되지 않는다.

20 다음 그림 속 빈칸을 알맞게 채워 넣으시오.

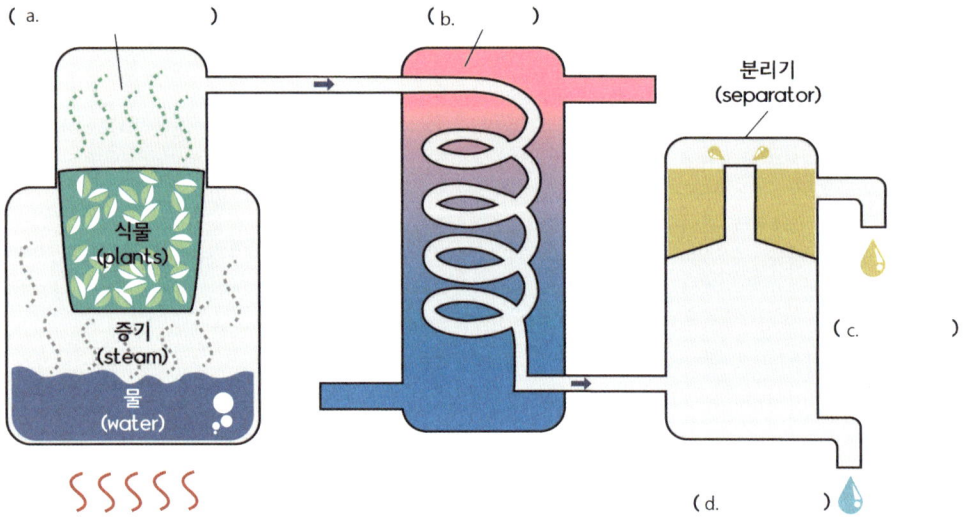

📖 해설

그림은 수증기 증류법을 나타낸 것으로, 뜨거운 수증기에 의해 식물에서 에센셜 오일 성분이 증발하거나 유리되고, (a. 에센셜 오일을 함유한 증기)는 (b. 냉각기)를 통과하며 액화되어 오일과 물의 밀도차에 의해 분리된다. 여기서 얻어진 오일과 물이 (c. 에센셜 오일)과 (d. 증류수)이다.

정답 **19** ③   **20** a. 에센셜 오일을 함유한 증기 b. 냉각기 c. 에센셜 오일 d. 증류수

21 특정 성분을 원하는 수준에 맞추어 더 얻거나 제거하기 위한 추출 방법은 무엇인가?

① 냉침법(enfleruage) ② 정류(rectification)
③ 재증류(cohobation) ④ 분별증류(fraction distillation)

📖 해설
에센셜 오일에 포함된 불순물을 제거하거나, 특정 성분을 더 얻거나 제거하기 위해 각 성분의 휘발속도를 이용하여 분리 정제하는 방법을 정류(rectification)라 한다. 예를 들면, 유칼립투스 에센셜 오일은 1,8 cineole 성분 함유 표준을 맞추는 목적으로 정류 과정을 필요로 한다.

22 옥사이드 성분인 1,8-cineole은 어떤 증상에 가장 효과적인가?

① 소화계 ② 신경계
③ 비뇨계 ④ 호흡계

📖 해설
옥사이드는 면역계를 자극하며, 탁월한 거담작용으로 폐와 기관지를 정화시킨다.

23 푸로쿠마린(furocoumarin) 성분을 함유하고 있는 에센셜 오일을 사용할 때에 주의해야 할 사항은?

① 신경 독성 ② 간 독성
③ 광독성   ④ 환각작용

📖 해설
푸로쿠마린은 광독성(phototoxic)을 갖는데, 피부에 적용 후 직사광선에 노출되면 피부에 화상, 발적 등 피부 과민화와 색소 침착이 생길 수 있으므로 주의한다.

24 lynalyl acetate가 속한 화학 그룹은?

① 에스테르 ② 페놀
③ 테르펜   ④ 알데하이드

📖 해설
에스테르는 알코올과 산의 결합으로 생성된다. lynalyl acetate는 linalool과 acetate acid가 결합하여 생성되며, 라벤더, 클라리세이지, 마조람 등에서 발견할 수 있다.

정답) 21 ②   22 ④   23 ③   24 ①

25 독성을 일으킬 수 있는 화학 그룹은 다음 중 어느 것인가?

① 옥사이드
② 케톤
③ 에스테르
④ 알데하이드

> **해설**
> 케톤은 모든 에센셜 오일 구성 성분 중 가장 흔한 독성 성분이지만 모든 케톤이 독성은 아니다. 일부 케톤은 잠재적 간독성이나 신경독성, 낙태 위험을 갖는 것으로 알려진다.

26 에센셜 오일을 이루는 주요 성분을 맞게 모아둔 것은?

① 산소, 탄소, 질소
② 산소, 질소, 수소
③ 산소, 탄소, 수소
④ 탄소, 수소, 질소

> **해설**
> 에센셜 오일은 생물체인 식물에서 만들어진 성분으로 유기화합물에 속하며, 에센셜 오일에 있는 거의 모든 분자는 탄소, 수소와 산소로 이루어져 있다.

27 다음 중 에센셜 오일이 가장 빠르게 증발하는 화학 그룹은?

① lactones
② sesquiterpene alcohol
③ sesquiterpene hydrocarbons
④ monoterpene hydrocarbons

> **해설**
> 탄소원자의 수가 작을수록 분자의 비중이 가벼워지고 휘발성이 높아진다.

28 알데하이드(aldehydes)에 대한 설명으로 맞는 것은?

① 항염증, 진정, 곰팡이 억제, 벌레 퇴치 등의 작용을 하며 대개 −al로 끝난다.
② 박테리아 살균, 항염증, 항알러지 작용을 하며 대개 −ene로 끝난다.
③ 살균, 항바이러스, 이뇨 등의 작용을 하며 보통 −ol로 끝난다.
④ 면역계를 자극하고 탁월한 거담 작용을 하며 대개 −ole로 끝난다.

> **해설**
> 알데하이드는 대개 −al로 끝나며, 일반적으로 신경계 안정, 항염증, 혈압 강하, 항진균 작용을 한다. 주요 성분으로는 citronella, geranial, neral 등이 있다.

정답 25 ② 26 ③ 27 ④ 28 ①

29 다음 중 에센셜 오일의 구성성분 중 가장 유효하고 안전한 것으로 여겨지는 그룹은?

① phenols　　　　　　　　② monoterpene alcohols
③ ethers　　　　　　　　　④ oxides

해설
모노테르펜 알코올은 에센셜 오일 구성성분 중 가장 유효하고 안전한 것으로 여겨진다. 모노테르펜 알코올이 풍부한 에센셜 오일의 대부분은 멸균성을 가지고 있고 상쾌하고 기분을 향상시키는 향을 가지며 독성이 낮다.

30 다음 에센셜 오일의 구성성분에 대한 설명으로 가장 적합한 것은?

① 다중성분으로 구성되는 천연 화합물이다.
② 화학적 구성으로 그 약리학적 효과를 모두 예측이 가능하다.
③ 에센셜 오일의 치유 작용은 가장 큰 함유량을 가진 성분에 있다.
④ 단일 성분으로 사용할 때에 더 큰 효과를 기대할 수 있다.

해설
에센셜 오일은 식물 그 자체에서 얻어 낸 에너지를 가진 추출물로서, 다양한 성분들 간의 상호 보완적 역할들과 길항작용은 예측할 수 없는 요소를 허용한다. 에센셜 오일 내에서 서로 다른 각 성분들 간의 결합작용은 단일 성분의 효과보다 크며 자체적인 시너지(synerge) 효과를 갖는다.

31 *Rosmarinus officinalis*를 적용하지 않는 경우는?

① 고혈압　　　　　　　　② 저혈압
③ 두통　　　　　　　　　④ 신경쇠약과 집중력 부족

해설
로즈마리는 혈압 상승작용을 하기 때문에 고혈압의 경우에는 사용하지 않는다.

32 식물의 뿌리(root, rhizome)에서 획득하는 에센셜 오일은?

① *Cupressus sempervirens*　　　　② *Pogostemon cablin*
③ *Cymbopogon martini*　　　　　④ *Vetiveria zizanoides*

해설
베티버(*Vetiveria zizanoides*) 에센셜 오일은 씻어서 말린 잘게 조각 낸 잔뿌리 줄기에서 추출한다.

정답　29 ②　　30 ①　　31 ①　　32 ④

33 일반적으로 시트러스(citrus) 오일에 가장 많이 함유되어 있는 성분과 대표적인 작용은?

① eugenol – 진통
② limonene – 항바이러스
③ linalool – 세포 재생
④ lynalyl acetate – 진정

> **해설**
> 시트러스(citrus) 오일에서 가장 많이 발견되는 Monoterpene hydrocarbon 그룹의 limonene은 항바이러스 작용이 매우 뛰어나다.

34 주니퍼베리 에센셜 오일의 추출 부위와 방법을 알맞게 연결한 것은?

① 잔가지 – 물 증류법
② 열매 – 수증기 증류법
③ 열매 – 압착법
④ 잎 – 수증기 증류법

> **해설**
> 최고의 주니퍼베리 오일은 잘 익은 신선한 열매 또는 건조된 잘 익은 열매를 수증기 증류하여 얻어진다.

35 반려견의 스파 입욕을 위해 레몬그래스 오일을 선택하였다. 피부 자극을 줄여 주기 위한 블렌딩 선택으로 가장 적합한 오일은?

① 일랑일랑
② 유칼립투스
③ 저먼 캐모마일
④ 오렌지 스위트

> **해설**
> 레몬그래스를 구성하는 geranial이나 neral 등의 알데하이드 성분은 피부와 점막에 자극이 될 수 있다. 오렌지 스위트의 limonene 성분이 자극효과를 중화시키는 역할을 한다.

36 식물의 학명(scientific name)에 대한 설명으로 틀린 것은?

① 라틴어 또는 라틴어화된 영어로 기재한다.
② 속명과 종소명의 이명법으로 된 이름으로 표현된다.
③ 속명의 첫 문자와 종명의 첫 문자는 대문자를 사용한다.
④ 일반적으로 이탤릭체로 쓴다.

> **해설**
> 속명의 첫 문자만 대문자를 사용한다.

정답 33 ② 34 ② 35 ④ 36 ③

37 다음 중 반려견의 곰팡이성 피부에 적용하기 가장 적합한 오일은?

① 프랑킨센스 ② 패츌리
③ 일랑일랑 ④ 유칼립투스

📖 해설
염증, 진균류, 기생충, 감염 등의 다양한 피부 문제에 탁월한 패츌리 오일은 피부 재생 효과와, 소독, 보습, 쿨링 효과과 함께 반려견의 다양한 피부 관리에 매우 유용하게 사용된다.

38 저먼 캐모마일의 chamazulen 성분은 다음 중 무엇에 기여하는가?

① 항염 ② 집중력 강화
③ 타박상 ④ 거담

📖 해설
저먼 캐모마일의 chamazulen 성분은 탁월한 항염 작용을 한다.

39 반려견의 진정을 위해 사용할 수 있는 에센셜 오일끼리 짝지어진 것은?

① 로즈마리, 마조람 ② 라벤더, 저먼 캐모마일
③ 네롤리, 유칼립투스 ④ 레몬, 오렌지 스위트

📖 해설
라벤더와 저먼 캐모마일 모두 반려견에 적용하기 좋은 온화한 오일로 뛰어난 신경안정작용을 한다.

40 에센셜 오일의 추출부위가 맞지 않는 것은?

① 버가못 – 과일껍질 ② 유칼립투스 – 잎
③ 사이프러스 – 레진 ④ 마조람 – 꽃

📖 해설
사이프러스 에센셜 오일은 잔가지와 잎에서 추출한다.

정답) 37 ② 38 ① 39 ② 40 ③

41 시트러스(citrus) 계열 에센셜 오일에 대한 설명으로 적합하지 않은 것은?

① 림프 순환을 촉진한다.
② 건성 피부에 사용된다.
③ 소화계에 효과적으로 작용한다.
④ 산화가 잘되는 오일로 보관에 주의한다.

> 해설
> 대부분의 시트러스 계열 에센셜 오일은 지성 피부에 추천된다.

42 아토피 피부염을 가진 반려견의 입욕제를 만들 때 가장 추천되는 블렌딩은?

① 레몬, 페퍼민트
② 유칼립투스, 마조람
③ 제라늄, 일랑일랑
④ 라벤더, 저먼 캐모마일

> 해설
> 아토피에 효과적인 오일을 선택하며, 보완하여 피부에 부드럽게 작용할 수 있는 오일과 함께 블렌딩할 수 있다.

43 다음 중에서 에센셜 오일과 과명의 연결이 바르지 않은 것은?

① 라벤더 – 꿀풀과
② 시더우드 아틀라스 – 측백나무과
③ 클라리세이지 – 꿀풀과
④ 유칼립투스 – 도금양과

> 해설
> 시더우드 아틀라스는 소나무과(Pinaceae)에 속한다. 측백나무과의 시더우드 버지니아와 혼동하지 않도록 한다.

44 스위트 마조람을 적용하기에 적합하지 않은 경우는?

① 스스로 통제가 안 되어 과잉행동을 보이는 개
② 변비로 고생하는 개
③ 지나친 성 반응을 보이는 수컷 개
④ 저혈압이 있는 개

> 해설
> 마조람은 혈압 강하의 작용이 있으므로 저혈압인 경우 사용하지 않도록 주의한다.

정답 41 ② 42 ④ 43 ② 44 ④

45 다음 중 해독, 이뇨 작용이 가장 뛰어난 오일은?

① 제라늄 ② 주니퍼베리
③ 라벤더 ④ 미르

📖 **해설**
해독, 이뇨 작용이 뛰어난 주니퍼베리는 독성을 깨끗하게 정화한다.

46 라벤더가 작용하는 대표적인 특성으로 보기 어려운 것은?

① 세포재생 ② 신경안정
③ 항염증 ④ 메스꺼움, 구토

📖 **해설**
라벤더는 뛰어난 신경안정 효과와 다양한 피부질환에 효과적으로 작용한다. 메스꺼움이나 구토에 효과적인 오일로는 페퍼민트가 추천된다.

47 반려견의 건강한 피모 관리를 위해 선택될 수 있는 오일은?

① 사이프러스, 패출리 ② 일랑일랑, 로즈마리
③ 티트리, 주니퍼베리 ④ 유칼립투스, 팔마로사

📖 **해설**
일랑일랑은 건강한 모발 생성을 촉진하며, 모발 끝 갈리짐 등의 관리에 효과적이다. 로즈마리는 혈액 순환을 자극하여 모발의 성장을 촉진하며 비듬과 털 빠짐 예방에 사용할 수 있다.

48 차에 타면 멀미하여 침을 흘리거나 구토하는 반려견에 추천될 수 있는 오일은?

① 로즈마리 ② 페퍼민트
③ 일랑일랑 ④ 라벤더

📖 **해설**
페퍼민트는 메스꺼움, 구토 등의 증상과 차멀미에 효과적으로 적용된다.

정답) 45 ② 46 ④ 47 ② 48 ②

49 다음 중 항염증 작용을 위한 선택으로 가장 적합하지 않은 오일은?

① 에버라스팅　　　　　　　② 미르
③ 클라리세이지　　　　　　④ 로만 캐모마일

> **해설**
> 에버라스팅, 미르, 로만 캐모마일 모두 뛰어난 항염증 작용을 하는 오일로 알려진다.

50 오렌지 스위트의 식물 학명은?

① *Citrus paradisi*　　　　　② *Citrus sinensis*
③ *Citrus* x *aurantium*　　　④ *Citrus bergamia*

> **해설**
> 오렌지 스위트는 운향과(Rutaceae) 식물로 학명은 *Citrus sinensis*다.

51 다음 중 꽃에서 추출하는 오일이 아닌 것은?

① 일랑일랑　　　　　　　　② 네롤리
③ 마조람　　　　　　　　　④ 페티그레인

> **해설**
> 페티그레인 오일은 비터오렌지 나무의 잎과 잔가지에서 추출한다.

52 다음 중 피부 자극을 유발할 수 있으므로 사용 시 주의해야 하는 오일은?

① 티트리　　　　　　　　　② 라벤더
③ 레몬　　　　　　　　　　④ 네롤리

> **해설**
> 개별적으로 피부 자극이 있을 수 있으니 주의하고, 낮은 희석율로 사용한다.

53 다음 중 벼과(Poaceae) 식물이 아닌 것은?

① Lemongrass　　　　　　② Everlasting
③ Vetiver　　　　　　　　④ Palmarosa

> **해설**
> Everlasting은 국화과(Asteraceae) 식물이다.

정답　49 ③　50 ②　51 ④　52 ③　53 ②

54 트루 라벤더가 아닌 것은?

① *Lavandula latifolia*
② *Lavandula officinalis*
③ *Lavandula angustifolia*
④ *Lavandula vera*

> **해설**
> *Lavandula latifolia*는 스파이크 라벤더의 학명이다. True Lavender인 *Lavandula angustifolia*의 동의어로 *Lavandula officinalis*, *Lavandula vera*가 있다.

55 유칼립투스 오일을 구성하는 대표 성분은 무엇인가?

① menthol
② linalool
③ terpinen-4-ol
④ 1,8-cineole

> **해설**
> 유칼립투스는 1,8-cineole을 주요 성분으로 가진다. 60~70%의 1,8-cineole 함량을 가지는 *Eucalyptus radiata*는 어린이나 반려동물에 사용하기에 가장 안정적으로 적합하다.

56 다음 중 반려견의 기침이나 기관지염을 위한 선택으로 적합하지 않은 오일은?

① 사이프러스
② 미르
③ 제라늄
④ 라벤더

> **해설**
> 사이프러스, 미르, 라벤더 모두 기관지염에 효과적으로 작용한다.

57 반려견을 위한 산책용 벌레 퇴치 스프레이를 만들 때 가장 적합하지 않은 오일은?

① 일랑일랑
② 티트리
③ 레몬그래스
④ 라벤더

> **해설**
> 티트리, 레몬그래스, 라벤더 모두 해충 방지의 효과가 있다.

정답) 54 ①   55 ④   56 ③   57 ①

58 식물성 오일(carrier oils)에 대한 설명으로 틀린 것은?

① 에센셜 오일이 신체 내로 효과적으로 흡수되는 것을 돕는다.
② 에센셜 오일을 적용하기 위한 매개체로 자체 치유적인 효과는 없다.
③ 냉압착법으로 추출된다.
④ 식물의 씨, 견과, 과육 등에서 추출하며 지방산으로 구성된다.

📖 해설

식물성 오일은 비타민, 미네랄 등의 유익한 영양성분이 풍부하여 영양과 보습 등의 피부 관리에 유용하며, 그 자체로도 치유적 효과를 기대할 수 있다.

59 인퓨즈드 오일(infused oil)을 만드는 데 필요한 준비물이 아닌 것은?

① 신선한 또는 건조된 허브
② 냉압착 베이스 오일
③ 햇빛이 잘 드는 장소
④ 에센셜 오일

📖 해설

인퓨즈드 오일은 다양한 약용식물을 식물성 오일에 일정 기간 담가 두어 유효한 지용성 성분을 우려내는 침출유를 말하며, 에센셜 오일을 섞어 만드는 것은 아니다.

60 하이드로렛(hydrolat)에 대한 설명으로 틀린 것은?

① 자극이 적으면서 보습, 진정, 항균 등의 효과가 있어 유용하게 사용된다.
② 에센셜 오일만큼 강하지는 않지만 유사한 향과 효능을 가진다.
③ 허브 우린 물이나 증류수에 에센셜 오일을 희석하여 만든다.
④ 수용성인 산(acid)성분이 비교적 많아 약산성을 띤다.

📖 해설

하이드로렛은 에센셜 오일을 증류 추출하는 과정에서 함께 생산되는 산출물이다.

정답 58 ② 59 ④ 60 ③

61 항상성(homeostasis)에 대한 설명으로 적합하지 않은 것은?

① 신체가 안정적인 내부환경을 유지하는 과정을 말한다.
② 생명 유지를 위한 자기조절기능이다.
③ 자율신경계와 내분비계(호르몬)의 상호협조로 이루어진다.
④ 외적 부하에 의해 생체의 평형 상태가 난조한 상태를 말한다.

해설
외부 요인에 의해 심리적 혹은 신체적으로 감당하기 어려운 상황에 처했을 때, 이러한 상태에서 벗어나 원상 복귀하려는 반작용은 스트레스라고 한다.

62 다음 중 사냥꾼을 도와 사냥감을 찾고 회수하는 역할을 하는, 활발하고 활동적인 특성을 가진 개의 그룹은 무엇인가?

① 하운드 그룹(hound group)
② 스포팅 그룹(sporting group)
③ 워킹 그룹(working group)
④ 테리어 그룹(terrier group)

해설
사냥꾼을 도와 사냥감을 찾고 회수하는 역할을 위해 개발된 스포팅 그룹은 사냥 및 야외 운동을 즐긴다. 에너지가 넘치며 즐거운 성격을 가지며, 정기적인 활발한 운동이 필요하다.

63 허딩 그룹(herding group)에 대한 설명으로 어울리지 않는 것은?

① 목동과 농부를 도와 가축을 다른 장소로 움직이도록 이끌고 감독한다.
② 무리 짓는 본능이 아주 강하다.
③ 수레를 끌며 경찰견, 군견으로도 힘든 일을 해 낸다.
④ 굉장히 영리해 훈련에도 적합하다.

해설
사람을 도와 집과 가축을 지키고 수레를 끌며 경찰견, 군견으로 다양한 힘든 일을 해 내는 것은 워킹 그룹(working group)이다.

정답 61 ④   62 ②   63 ③

64 빈칸에 들어갈 적합한 단어는?

> 몸의 움직임은 뼈와 관절에 (　　　)이 공동 작용된 결과로 발생한다.

① 힘줄　　② 근육　　③ 연골　　④ 신경

📖 **해설**
신체 내에서 움직임이 가능한 모든 부분에 근육이 위치하며 뼈와 밀접하게 관계하여 신체의 움직임을 만든다.

65 내분비 기능의 최고 조절중추로 작용하며 여러 가지 호르몬의 분비를 조절하는 곳은?

① 뇌하수체　　② 시상하부　　③ 송과샘　　④ 갑상샘

📖 **해설**
시상하부(hypothalamus)는 내분비 기능의 최고의 조절중추로 작용하며 여러 가지 호르몬의 분비를 조절한다. 시상하부는 뇌하수체를 통해 신경계와 내분비계를 연결하며, 자율 신경 기능 전체를 제어하고 항상성 유지에 관여한다.

66 다음 중 교감신경과 부교감신경의 작용이 바르게 연결되지 않은 것은?

① 교감신경 – 심장박동 증가　　② 교감신경 – 음식물의 소화
③ 부교감신경 – 휴식을 취할 때　　④ 부교감신경 – 동공 수축

📖 **해설**
교감신경은 활동 상태일 때, 부교감신경은 안정 상태일 때 우위를 차지한다. 부교감신경이 작용할 때에 위장관의 움직임과 분비가 증가되어 음식물을 소화한다.

67 다음 빈칸에 들어갈 단어로 알맞지 않은 것은?

> 향기분자는 후각신경을 통해 대뇌피질의 후각영역에 도달하여 (　　　)에 영향을 끼치고 호르몬이나 감정적인 반응을 통해 신체와 정신에 작용한다.

① 내분비계　　② 자율신경계
③ 후각상피　　④ 면역체계

📖 **해설**
향기분자는 후각신경을 통해 대뇌피질의 후각영역으로 도달하며 내분비계, 자율신경계, 면역체계에 영향을 끼치고 호르몬이나 감정적인 반응을 통해 신체와 정신에 작용한다.

정답　64 ②　65 ②　66 ②　67 ③

68 개의 후각에 대한 설명으로 바르지 않은 것은?

① 개의 후각 수용체도 냄새분자를 인식하고 분석을 위해 두뇌에 전기신호를 전송한다.
② 개의 후각상피 표면적은 인간과 비슷하며 후각수용체세포는 인간보다 훨씬 많다.
③ 숨을 쉬며 내뿜는 독특한 호흡시스템은 개가 더욱 냄새를 잘 맡을 수 있도록 돕는다.
④ 개는 인간에게는 없는 보조 후각 기관인 야콥슨기관을 가지고 있다.

해설
개의 후각상피는 인간에 비해서 더 많은 주름으로 이루어져 있으며 후각상피의 표면적을 인간과 비교하면 약 40배 정도 더 넓다.

69 개의 피부구조에 대한 설명으로 틀린 것은?

① 각화주기는 약 28일 정도이다.
② 개의 표피 두께는 인간에 비해 얇은 5~7 정도의 세포층을 가진다.
③ 개의 평균 pH는 7~7.5로 중성에서 약알카리성에 가깝다.
④ 대부분의 피부감각 수용체는 진피에 존재한다.

해설
개의 피부 각화주기는 약 3주(22일)이며, 인간 피부의 경우는 28일 정도 걸린다.

70 반려견에 에센셜 오일을 흡입시키는 방법으로 적합하지 않은 것은?

① 에센셜 오일을 1~2방울 손수건에 뿌려 짧은 시간 향을 맡도록 해 준다.
② 반려견과 함께 생활하는 공간에 오일버너를 통해 확산시킨다.
③ 초음파 디퓨져를 이용하여 증기 흡입할 수 있다.
④ 호흡계 질환이 심한 경우는 반려견의 코에 에센셜 오일을 살짝 묻혀 준다.

해설
어떠한 경우에도 에센셜 오일 원액을 반려견의 코에 묻히는 행동은 하지 않는다.

정답 68 ②   69 ①   70 ④

71 반려견에 에센셜 오일을 전신에 도입하는 가장 적극적인 방법으로 선택할 수 있는 것은?

① 크림　　　　② 바스　　　　③ 습포　　　　④ 마사지

📖 **해설**
바스는 피부와 호흡기라는 두 가지 경로를 통해 에센셜 오일을 흡수하고 그 향을 흡입할 수 있는 효과적인 방법이다. 따뜻한 물로 몸 표면에 순환을 일으키고 모공을 열어 피부를 통한 흡수를 촉진하며, 증기를 통해 오일의 향은 호흡기를 통해 흡입된다.

72 습포에 대한 설명으로 적합하지 않은 것은?

① 통증, 부종, 감염을 완화시키는 데 효과적인 방법이다.
② 온습포는 근육통과 관절염의 통증 등에 효과적이다.
③ 냉습포는 삠, 부어오름, 열, 스트레스 등에 효과적이다.
④ 온습포와 냉습포를 번갈아 하는 것은 추천되지 않는다.

📖 **해설**
온·냉습포를 번갈아 하는 것은 당긴 근육이나 인대가 늘어나거나 멍든 경우 빠른 회복에 도움이 된다.

73 반려견에 아로마테라피 마사지를 적용함으로써 얻을 수 있는 긍정적인 효과가 아닌 것은?

① 혈액과 림프의 순환을 돕는다.
② 근육의 긴장을 줄여 주며 근육과 관절의 통증을 완화시킨다.
③ 터치에 익숙하게 하며, 신체를 체크함으로써 질병의 조기 발견이 가능하다.
④ 경혈을 자극함으로써 에너지의 흐름을 원활하게 한다.

📖 **해설**
숙련되고 공인된 전문가가 아니라면 절대로 근육과 관절에 깊게 마사지하거나 경혈을 자극하는 시도를 하지 않도록 한다. 아로마테라피 마사지는 에센셜 오일의 효과를 신체에 도입함과 동시에 신경계와 림프계에 가볍게 진정시켜 주며 신체 에너지의 흐름을 원활하게 해 주는 릴렉스 마사지이다.

74 다음 중 아로마테라피 마사지를 적용할 수 있는 경우는?

① 감염성 피부질환이 있는 개　　② 8살 이상의 노견
③ 6개월 미만의 강아지　　　　 ④ 과식한 개

📖 **해설**
노견에도 특별한 질환이 없는 경우에는 아로마테라피를 적용할 수 있다.

정답 71 ②　　72 ④　　73 ④　　74 ②

75 다음 중 가장 소극적으로 아로마테라피를 적용해야 하는 경우는?

① 건강한 성견　　　　　　　　② 7개월 강아지
③ 임신한 개　　　　　　　　　④ 9살 노견

> **해설**
> 임신한 개에는 아로마테라피를 가급적 자제하고 꼭 필요한 경우에만 매우 신중하게 적용한다. 어린 개, 노견, 민감한 개에 아로마테라피를 할 경우 권장농도의 절반 이하로 희석한다.

76 반려견에 아로마테라피를 적용함에 있어서 올바르지 않은 설명은?

① 부분적으로 소량의 원액을 적용할 수 있다.
② 같은 종류의 오일을 장기간 사용하지 않는다.
③ 아로마테라피용으로 생산된 '순수한' 에센셜 오일을 사용한다.
④ 에센셜 오일을 절대 복용하지 않는다.

> **해설**
> 에센셜 오일은 고도로 농축된 향유로 반려견에 적용할 때에는 반드시 희석해서 사용한다.

77 다음 중 일반적으로 반려견에 에센셜 오일을 적용하는 가장 적당한 희석률은?

① 5%　　　　② 2%　　　　③ 0.25~0.5%　　　　④ 1%

> **해설**
> 반려견을 위해 에센셜 오일을 희석할 경우 0.25~0.5% 정도로 사용하며 최대 1% 이내로 한다. 많은 양의 에센셜 오일이 더 나은 결과를 가져오지 않는다는 것을 항상 기억한다.

78 에센셜 오일을 보관하는 방법으로 적합하지 않은 것은?

① 시원하고 건조하거나 어두운 곳에 보관하고 열과 빛으로부터 멀리한다.
② 뚜껑을 잘 닫고 어린이나 반려견이 장난칠 수 없는 곳에 둔다.
③ 산화가 되지 않도록 오일의 양에 맞는 작은 용기에 담아 보관한다.
④ 오래되거나 변질된 오일은 비누나 입욕제 만들기로 빨리 소비한다.

> **해설**
> 에센셜 오일의 사용기한을 지키며, 오래되거나 변질된 오일은 사용하지 말고 폐기한다.

정답　75 ③　　76 ①　　77 ③　　78 ④

79 다음은 무엇을 설명하는가?

> 핵심이 되는 향으로 하트 노트(heart note)라고도 하며, 향에 따뜻함과 풍부함을 부여한다.

① 미들 노트(middle note)
② 베이스 노트(base note)
③ 탑 노트(top note)
④ 고착제

해설
블렌딩의 핵심이 되는 향인 미들 노트는 탑 노트보다 좀 더 오래 지속된다. 라벤더, 제라늄, 마조람 등이 미들 노트에 속한다.

80 결합했을 때의 성분이 개별 성분의 어떤 것보다 더 큰 효과를 갖는 것을 설명하는 말은?

① 블렌딩(blending)
② 시너지(synerge)
③ 퀜칭(quenching)
④ 중화(neutralization)

해설
서로 다른 오일을 블렌딩했을 때 성분이 변화여 효과의 상승을 기대하는 것을 시너지(synerge)라고 한다.

81 에센셜 오일의 블렌딩에 관한 설명으로 바람직한 것은?

① 많은 종류의 에센셜 오일을 사용할수록 그 효과가 커진다.
② 각 증상에 관한 적용 블렌딩은 언제나 동일하다.
③ 아름다운 향을 만들어 내는 것이 가장 큰 목적이다.
④ 잠재적 부작용을 최소화하며 더 나은 효능을 추구하기 위함이다.

해설
블렌딩에서 가장 우선이 되는 목적은 증상을 개선할 수 있는 관점에서 오일을 선택하는 것이며 이는 잠재적 부작용을 최소화하며 더 나은 효능을 추구할 수 있게 한다.

정답 79 ①　80 ②　81 ④

82 반려견을 위한 에센셜 오일을 선택할 때 고려해야 할 사항으로 적합한 것은?

① 반려견이 향을 피하거나 거부하는 반응을 보인다면 무리하여 적용하지 않는다.
② 반드시 2가지 이상의 오일을 블렌딩하여 사용한다.
③ 반려견의 증상에 유용한 오일의 선택은 언제나 동일하다.
④ 에센셜 오일의 증상에 관한 적용법은 항상 동일하다.

> **해설**
> 적용 대상이 선호하는 향인지는 효과에 큰 영향을 끼친다. 증상에 따른 오일을 선택했다면, 우선 반려견에 향을 맡을 수 있도록 해 준다. 향을 피하거나 거부하는 반응을 보인다면 무리하여 적용하지 않도록 하고 유사한 효능의 대체할 수 있는 오일 선택을 고려한다.

83 에센셜 오일의 특성이 아닌 것은?

① 에센셜 오일은 규정할 수 있는 단일 성분으로 구성되지 않는다.
② 즉각적인 반응보다는 미묘하고 순한 활성을 가진다.
③ 다른 에센셜 오일과의 블렌딩을 통한 시너지(synergy) 효과가 있다.
④ 목표로 하는 증상에 집중적으로 작용한다.

> **해설**
> 에센셜 오일은 한 가지 증상에만 작용하는 것이 아닌 다면적인 작용을 한다.

84 블렌딩에서 베이스 노트로 선택할 수 있는 오일이 아닌 것은?

① 패츌리 ② 저먼 캐모마일
③ 베티버 ④ 일랑일랑

> **해설**
> 저먼 캐모마일은 미들 노트에 속한다.

85 반려견에 오일을 선택하고 블렌딩함에 있어서 가장 후순위가 되는 고려사항은?

① 반려견의 성향 ② 피부 상태
③ 산책 횟수 ④ 복용중인 약

> **해설**
> 반려견의 성향과 건강 상태를 우선적으로 고려하고, 이어서 주변 환경이나 특이사항 등에 대해서도 충분히 상담을 통해 검토하도록 한다.

정답 82 ①   83 ④   84 ②   85 ③

86 반려견의 호흡기 질환 개선을 위해 선택할 수 있는 오일과 거리가 먼 것은?

① 유칼립투스   ② 프랑킨센스
③ 에버라스팅   ④ 일랑일랑

해설
유칼립투스, 프랑킨센스, 에버라스팅 등은 거담 작용을 한다.

87 만성설사로 고생하는 반려견에 선택할 수 있는 오일 블렌딩이 아닌 것은?

① 클라리세이지, 일랑일랑   ② 네롤리, 미르
③ 오렌지 스위트, 페퍼민트   ④ 사이프러스, 오렌지 스위트

해설
설사에는 수렴, 항균, 진정작용이 필요하다.

88 불안해하며 편히 잠들지 못하는 반려견에 선택할 수 있는 오일 블렌딩은?

① 페티그레인, 로즈마리   ② 라벤더, 마조람
③ 레몬, 팔마로사   ④ 버가못, 유칼립투스

해설
불안 증상의 진정과 불면증에 작용할 수 있는 오일을 선택한다.

89 털이 부쩍 많이 빠지는 반려견의 피모 개선과 스트레스 완화를 위한 오일과 적용법으로 가장 추천되는 것은?

① 로즈마리, 라벤더 – 바스   ② 로즈마리, 라벤더 – 증기흡입
③ 일랑일랑, 레몬 – 습포   ④ 시더우드, 일랑일랑 – 마사지

해설
따뜻한 물로 몸 표면에 순환을 일으키고 모공을 열어 피부를 통한 흡수를 촉진하는 바스는 매우 효과적인 피부에의 도입방법이다. 또한 증기를 통해 흡입되는 향은 스트레스 완화에도 즉각적인 효과를 보인다.

해설   86 ④   87 ①   88 ②   89 ①

90 반려견의 진물 나는 습진 피부에 수렴효과로 인해 가장 효과적인 오일 블렌딩은?

① 그레이프프룻, 팔마로사   ② 라벤더, 유칼립투스
③ 레몬그래스, 티트리   ④ 주니퍼베리, 미르

해설
주니퍼베리는 이뇨와 해독작용이 뛰어나 진물 나는 습진에 우선적으로 선택할 수 있다. 미르는 습하고 진물이 나는 습진에 효과적으로 작용한다.

91 에센셜 오일의 품질에 영향을 주는 요소로 적합하지 않은 것은?

① 토양의 조건 및 기후   ② 잎의 숙성 정도
③ 추수 시기   ④ 식물의 희귀성

해설
척박한 환경에서 자라난 야생종일수록 에센셜 오일의 품질 및 그 효능이 더 좋지만, 식물의 희귀성을 의미하지 않는다.

92 즉각적인 심리적인 치유를 목적으로 선택할 수 있는 가장 효과적인 도입 방법은?

① 직접 흡입   ② 습포
③ 연고   ④ 바스

해설
후각은 자극을 가장 빠르고 강하게 뇌로 전달한다. 에센셜 오일의 흡입은 호흡기와 관련된 문제들과 후각기와 관련한 심리적, 정신적 문제들에 효과적으로 적용된다.

93 다음 중 반려동물의 통증, 부종 등을 완화하는 데 효과적인 방법으로 선택할 수 있는 것은?

① 마사지   ② 직접흡입
③ 바스   ④ 습포

해설
습포는 통증, 부종, 감염을 완화시키는 데 효과적인 방법이다.

해설 90 ④   91 ④   92 ①   93 ④

94 다음 중 수지로부터 추출되는 에센셜 오일은?

① Frankincense ② Palmarosa
③ Patchouli ④ Cedarwood, Atlas

📖 해설
프랑킨센스는 수피를 베어 상처를 내면 생리적으로 배출되어 나오는 삼출액이 굳어서 형성되는 수지에서 추출한다.

95 내분비계의 기능에 속하지 않는 것은?

① 성장, 발달, 신진대사와 같은 신체활동 조절
② 혈액에서 골수 생성
③ 생식 과정에 기여
④ 스트레스를 받는 동안 신체를 유지

📖 해설
혈액에서 골수를 생성하는 것은 뼈의 기능이다.

96 에센셜 오일의 추출부위가 다른 한 가지는?

① 버가못 ② 레몬그래스
③ 레몬 ④ 오렌지 스위트

📖 해설
레몬그래스는 신선한 또는 일부 건조시킨 풀에서 추출한다.

97 에센셜 오일의 추출방법이 다른 오일은?

① 라벤더 ② 마조람
③ 클라리세이지 ④ 버가못

📖 해설
버가못 에센셜 오일은 과일 껍질에서 주로 냉압착법을 통해 추출한다.

정답 94 ① 95 ② 96 ② 97 ④

98 다음 중 탑노트로 선택할 수 있는 오일이 아닌 것은?

① 레몬
② 일랑일랑
③ 그레이프프룻
④ 티트리

해설
일랑일랑은 베이스 노트에 속한다.

99 피부 적용 후 일광이나 자외선에 노출될 경우 광독성을 일으킬 수 있는 에센셜 오일은?

① 라벤더
② 버가못
③ 페티그레인
④ 네롤리

해설
버가못을 포함한 시트러스 오일들은 광독성 성분인 푸로쿠마린(furocoumarin)을 소량 함유하고 있다.

100 다음 아로마테라피를 적용하기 위한 에센셜 오일의 품질에 대한 설명 중 적합하지 않은 것은?

① 100% 순수 에센셜 오일만을 사용한다.
② 화학구조가 같도록 합성된 성분을 추가한 오일은 사용할 수 있다.
③ 섞음질한 오일은 사용하지 않는다.
④ 프래그런스 오일은 사용하지 않는다.

해설
화학구조가 같도록 합성된 성분을 추가한 오일도 섞음질한 오일로 간주된다.

정답) 98 ②　　99 ②　　100 ②

참고문헌(References)

Ali, B., Al-Wabel, N. A., Shams, S., Ahamad, A., Khan, S. A., & Anwar, F. (2015), Essential oils used in aromatherapy: A systemic review. Asian Pacific Journal of Tropical Biomedicine, 5(8), 601-611.

Aponso, M., Patti, A., Hearn, M. T., & Bennett, L. E. (2021), Anxiolytic effects of essential oils may involve anti-oxidant regulation of the pro-oxidant effects of ascorbate in the brain. Neurochemistry International, 150, 105153.

Bakkali, F., Averbeck, S., Averbeck, D., & Idaomar, M. (2008), Biological effects of essential oils–a review. Food and chemical toxicology, 46(2), 446-475.

Balazs, T., & Tisserand, R. (1998), German chamomile. International Journal of Aromatherapy, 9(1), 15-21.

Bassolé, I. H. N., & Juliani, H. R. (2012), Essential oils in combination and their antimicrobial properties. Molecules, 17(4), 3989-4006.

Battaglia, S. (2003), The complete guide to aromatherapy. International Centre of Holistic Aromatherapy Queensland, AU.

Bell, K. L. (2012), Holistic Aromatherapy for Animals: A Comprehensive Guide to the Use of Essential Oils & Hydrosols with Animals. Simon and Schuster.

Boehm, K., Büssing, A., & Ostermann, T. (2012), Aromatherapy as an adjuvant treatment in cancer care–a descriptive systematic review. African Journal of Traditional, Complementary and Alternative Medicines, 9(4), 503-518.

Buckle, J. (2014), Clinical aromatherapy-e-book: essential oils in practice. Elsevier Health Sciences.

Cooke, B., & Ernst, E. (2000), Aromatherapy: a systematic review. British journal of general practice, 50(455), 493-496.

De Araújo, D. A. M., Freitas, C., & Cruz, J. S. (2011), Essential oils components as a new path to understand ion channel molecular pharmacology. Life sciences, 89(15-16), 540-544.

Djilani, A., & Dicko, A. (2012), The therapeutic benefits of essential oils. Nutrition, well-being and health, 7, 155-179.

Herz, R. S. (2009), Aromatherapy facts and fictions: a scientific analysis of olfactory effects on mood, physiology and behavior. International Journal of Neuroscience, 119(2), 263-290.

Holmes, P. (2019), Aromatica Volume 2: A Clinical Guide to Essential Oil Therapeutics. Applications and Profiles. Singing Dragon.

Jenkins, E. K., DeChant, M. T., & Perry, E. B. (2018), When the nose doesn't know: Canine olfactory function associated with health, management, and potential links to microbiota. Frontiers in Veterinary Science, 5, 56.

Kainer, R. A., & McCracken, T. (2003), Dog anatomy: a coloring atlas. (No Title).

Kubeczka, K.-H. (2020), History and sources of essential oil research. In Handbook of essential oils (pp. 3-39). CRC Press.

Liberles, S. D., & Buck, L. B. (2006), A second class of chemosensory receptors in the olfactory epithelium. Nature, 442(7103), 645-650.

Nan Lv, X., Jun Liu, Z., Jing Zhang, H., & Tzeng, C. M. (2013), Aromatherapy and the central nerve system (CNS): therapeutic mechanism and its associated genes. Current drug targets, 14(8), 872-879.

Pichersky, E., Noel, J. P., & Dudareva, N. (2006), Biosynthesis of plant volatiles: nature's diversity and ingenuity. Science, 311(5762), 808-811.

Price, L., & Price, S. (2004), Understanding hydrolats: the specific hydrosols for aromatherapy: a guide for health professionals. Understanding Hydrolats S.

Price, S., & Price, L. (2011), Aromatherapy for health professionals E-book. Elsevier Health Sciences.

Schnaubelt, K. (2013), Medical aromatherapy: Healing with essential oils. North Atlantic Books.

Sharifi-Rad, J., Sureda, A., Tenore, G. C., Daglia, M., Sharifi-Rad, M., Valussi, M., Tundis, R., Sharifi-Rad, M., Loizzo, M. R., & Ademiluyi, A. O. (2017), Biological activities of essential oils: From plant chemoecology to traditional healing systems. Molecules, 22(1), 70.

Shelton, M. (2018), The Animal Desk Reference II: Essential Oils for Animals. Melissa Shelton DVM.

Tisserand, R., & Young, R. (2013), Essential oil safety: a guide for health care professionals. Elsevier Health Sciences.

Wang, G.-D., Zhai, W., Yang, H.-C., Wang, L., Zhong, L., Liu, Y.-H., Fan, R.-X., Yin, T.-T., Zhu, C.-L., & Poyarkov, A. D. (2016), Out of southern East Asia: the natural history of domestic dogs across the world. Cell research, 26(1), 21-33.

Yoo, O., & Park, S. A. (2023), Anxiety-Reducing Effects of Lavender Essential Oil Inhalation: A Systematic Review. Healthcare, 11(22), 2978.